스포츠, AI와 동행하다

크리스 브래디 | 카를 튈스 | 샤예간 오미드샤피예 지음

박재현 | 이태구 옮김

AI for Sports

Copyright ⓒ 2022 by Chris Brady, Karl Tuyls and Shayegan Omidshafiei
Authorised translation from the English language edition published by CRC
Press, a member of the Taylor & Francis Group, LLC.
All rights reserved.

Korean Translation Copyright ⓒ 2025 by Sungandang Inc.
Korean edition is published by arrangement with TAYLOR & FRANCIS
GROUP, LLC. through Imprima Korea Agency.

본 저작물의 한국어판 저작권은 Imprima Korea Agency를 통해 TAYLOR & FRANCIS GROUP, LLC. 와의 독점 계약으로 성안당에 있습니다. 저작권법에 의해 한국 내에서 보호를 받는 저작물이므로 무단전재와 무단복제를 금합니다.

애디 브래디를 기리며,
늘 배우는 걸 좋아한 에디가
이 책의 집필에 함께 하기를 기대했는데…
- 크리스

사랑하는 아내 마르졸렌,
우리 아이들 바우트, 빈센트, 아르투르에게.
그리고 제 인생의 모델이셨던 아버지를 추모하며
- 카를

아마도 지금까지
한 번도 책을 헌정 받아본 적 없는
레안, 사라, 사예드, 골리에게
- 샤예간

차례

감사의 글 6
저자 소개 10

서　　문 15

제1부　**어떻게 여기까지 왔을까?**

1장　튜링의 등장까지(1950년 이전) 29
2장　스포츠 분석가의 등장 47
3장　세이버메트릭스, 머니볼, 그리고 AI 65

제2부　**지금은 어디쯤 가고 있을까?**

4장　기술과 이론의 좁아진 간극 85
5장　스포츠 생태계 95
6장　경기력 향상 107

7장　스포츠 경기와 AI　117
8장　스포츠 환경과 AI　139

제3부　**미래엔 어디로 가게 될까?**

9장　스포츠 경기의 미래　173
10장　스포츠 환경의 미래　201

결　　말　219

역자 후기　225
찾아보기　228

/ 감사의 글 /

영국 사람, 벨기에 사람, 캐나다 출신 이란 사람이 어떻게 만나서 인공지능이 스포츠 분야에 미치게 될 무한한 가능성에 대해 함께 책을 쓰기로 의기투합했을까?

그저 우연히? 아니면 운이 좋아서? 판단은 독자 여러분에게 맡기겠다. 분명한 건, 우리는 금새 끈끈한 한 팀이 되었고, 인공지능이 스포츠 분야에 미칠 변화에 대하여 단기적 비전부터 중기 비전과 장기적 비전까지 함께 공유하게 되었다는 사실이다.

2018년 3월 스탠포드: 카를 튈스(Karl Tuyls)와 샤예간 오미드샤피예(Shayegan Omidshafiei)는 스탠퍼드의 인공지능 학회 봄 심포지엄에서 처음 만났다. 두 사람은 연구 관심 분야가 놀라울 만큼 잘 맞았고, MIT를 갓 졸업한 샤예간은 그해 11월 카를이 소속된 딥마인드사(DeepMind)의 게임 이론 팀에 합류하게 되었다.

2019년 11월 리버풀-런던-파리: 카를과 샤예간은 '스포츠와 인공지능'(AI for Sports) 연구 프로젝트를 착수하고, 영국의 프로 축구팀 리버풀 FC와 협력하기로 하고, 다수의 딥마인드 연구원을 합류시켰다. 이들의 공동 연구는 2020년 『인공지능』(Artificial Intelligence) 저널 4월호에 "게임 설계: AI가 축구에 미치는 영향 및 축구가 AI 연구에 기여하는 점"(Game Plan: What AI Can Do for Football, and What Football Can Do for AI)이라는 논문으로 발표되었다.

2020년 12월 런던-파리(온라인): 컴퓨터 과학자 토레 그래펠이 카를을 CRC프레스&로트리지 출판사(CRC Press & Routledge)의 기획 편집자 엘리엇 모시아에게 소개하며, 크리스 브래디(Chris Brady)라는 인물과 함께 '스포츠와 인공지능'을 주제로 책을 집필해 보는 게 어떠냐고 제안했다. 그렇게 해서 카를과 엘리엇이 화상으로 만나게 되었고, 엘리엇은 스포츠 매니지먼트 분야에 정통한 크리스 브래디가 스포츠 분야에 조예 깊은 AI 전문가를 찾아 새로운 출판 프로젝트를 함께 진행하려 한다고 이야기했다. 카를은 나중에 돌이켜 보며, 비록 자신이 이 프로젝트에 공식적으로 참여하기로 한 것은 2021년 1월 초였지만, 사실상 2020년 12월 크리스 브래디와 처음 나눈 인상 깊은 대화가 이미 프로젝트의 시작이었다고 회고했다.

2021년 1월 런던-파리(온라인): 당시 이미 샤예간과 함께 인공지능과 스포츠 분야 연구를 심화해 가고 있던 카를은 이 책의 집필에도 사예간과 같은 인공지능 전문가가 공동 저자로 참여하게 된다면 더할 나위없이 바람직하겠다고 판단했다. 그래서 그해 1월 7일, 세 사람이 처음으로 온라인상에서 대면하게 되었고, 곧이어 스포츠와 인공지능 도서 집필 프로젝트가 공식적으로 시작되었다.

스포츠 전문가와 스포츠 매니지먼트 및 비즈니스 전문가, 거기에 인공지능 전문가까지 힘을 합치고, 수많은 다양한 스포츠 종목과 디지털 기술 분야, 특히 AI 분야의 관계자들로 이루어진 공동 네트워크의 지원이 더해지면서, 이 책은 그야말로 독특한 협업의 산물이 되었다.

물론 두말할 필요없이, 이 책은 많은 사람의 지원과 기여 없었다면 집필이 불가능했다. 저자들이 책을 집필하느라 함께 보냈던 시간만큼, 상대적으로 가족과 친구들에게는 소홀히 대할 수밖에 없었기에 이들에게 먼저 깊이 감사를 드린다. 또한, 다양한 인물과 대화를 나누며 얻은 소중한 의견과 비판적인 시각은 저자들에게 큰 영감을 주었으며, 이는 책의 집필 과정에서 매우 소중한 자신이었다. 그중에서도 특별히 샌안토니오 스퍼스팀의 단장 R. C. 뷰포드와 구글 벨기에 지사장 티에리 게르츠에게 감사를 드린다. 그리고 딥마인드사와 스포츠올로지(Sportsology)사의 동료들, CRC프레스&로트리지 출판사 사장님과 스태프(엘리엇 모시아, 탈리다 던컨-토드,

비제이 보스, 토드 페리)에게도 특별히 감사를 표한다.

 나이 차이도 많고, 국적도 다르고, 성장하는 동안 문화적 배경과 환경도 전혀 다른 세 사람이 만나 함께 책을 집필하고 이후 평생의 친구로 남게 되었다.

 이 프로젝트에 참여한 모든 분에게 감사를 드린다.

크리스 브래디, 카를 튈스, 샤예간 오미드샤피에

/ 저자 소개 /

　크리스 브래디는 미국에 본사를 두고 전 세계 엘리트 스포츠 기구에 컨설팅을 수행하는 스포츠올로지사의 최고 정보 책임자로 재직중이다. 이 자리에 오기까지 그는 실로 다양한 직업의 세계를 전전하였는데, 이미 10대 시절 미국 디트로이트에 소재한 자동차 회사인 크라이슬러사에서 생산라인 노동자에서 출발하여, 출판사에 소속된 서점 관리자도 일하기도 했으며, 토지 측량사를 거쳐 준프로 축구팀 선수로 활약하기도 했고, 다시 해군 장교에서 시작하여 경영 관리자까지 그야말로 다양한 직업의 세계를 경험하였다. 스포츠올로지사에 합류하기 직전에는 스탠포드 대학 경영학과 교수로 최근까지 재직하며, 스포츠 경영 센터를 설립하고 글로벌 스포츠 산업과 관련하여 통계 분석과 미래 트렌드 분석에 각별한 관심을 두고 최고의 연구 성과를 도출하기 위해 힘썼다.

그보다 앞서서는 BBP 경영대학원의 학장과 본머스 대학교 경영대학원의 학장을 역임하였으며, 카스 경영대학원(현재의 베이즈 경영대학원)에서는 대외 업무와 비즈니스 개발 담당 부학장으로 재직하였다. 또한 그는 영국 해군에서 16년간 복무하였는데, 합동 사령부 정보실에서 근무하는 동안에는 제1차 걸프 전쟁과 발칸 반도 전쟁을 지켜보기도 했다.

브래디 교수는 미국 외교 정책이나 영국 내각 제도, 비즈니스 등 다양한 주제에 대해 집필하고 기사를 올리는 저술가이기도 하다. 최근에는 저명한 축구 감독 카를로 안첼로티와 『조용한 리더십』이라는 저서를 공동 집필하기도 했다. 이미 그의 다른 저서 『90분의 관리』는 베스트셀러 목록에 오른 바도 있다. 그의 저서 중에는 특정 기업 문제를 다룬 것도 있는데, BMW사의 로버 자동차 인수 과정과 그 여파를 다룬 『질주의 끝(The end of the road)』, 직원의 경영 참여를 다룬 『자발적 동행(The extra mile)』, 기업 M&A 과정에서 정보 기능의 중요성을 분석한 『정보와 M&A』라는 저서 등이 있다.

브래디 교수는 현재도 영국 프리미어 리그의 감독 및 코치 단체에 해당하는 리그 매니저 협회(LMA) 소속 리더십 및 성장 연구소 고문을 맡고 있다. 그러면서도 일생 동안 축구 선수로 뛰면서 코치(UEFA의 P급 코치 자격 소지)로 활약하고 있으며, 준프로 자격으로 축구를 지도해 왔다. 그 외에도 그는 테니스와 스쿼시, 트램펄린 코치 자격을 보유하고 있지만, 언제나 축구와 영화에서 제일 큰 기쁨을 얻고 있다고 말하고 있다.

카를 튈스는 현재 딥마인드사의 프랑스 파리 본부에서 팀장으로 근무 중이며, 영국 리버풀 대학교의 컴퓨터학과 명예 교수와 벨기에 루벤 대학교에서 초빙 교수로 활동하고 있다. 그보다 앞서서는 브뤼셀 자유대학교와 하셀트 대학교, 아인트호벤 공과대학, 마스트리흐트 대학교 등에서 연구원 및 강사로 일한 바 있다. 튈스는 그의 연구와 관련하여 이미 여러 차례 수상 경력을 가지고 있는데, 2000년 벨기에 정보 기술상을 포함하여, 2012 AAMAS(자율 에이전트 및 다중 에이전트 시스템)최우수 데모상을 수상하였고, 로보컵@워크 대회 우승 경험(2013년 및 2014년)도 가지고 있다. 또한 2018년 ICML 우수 논문상의 공동 저자이기도 하다. 이로 인해 그의 연구는 국내외 언론 및 미디어 매체로부터 상당한 주목을 받고 있으며, 최근 그가 수행한 스포츠 분석 연구가 영국 학술지 『와이어드』(Wired)에 게재되기도 했다. 현재 그는 영국 컴퓨터학회(BCS) 회원이며, 자율 에이전트 및 다중 에이전트 시스템 학술지의 편집 위원인 동시에 지능형 시스템 관련 요약집 시리즈인 스프링거브리프(Springer Briefs)의 수석 편집 위원이기도 하다. 튈스 교수는 국제 자율 에이전트 및 다중 에이전트 시스템 재단 이사회의 명예 회원이기도 하다.

샤예간 오미드샤피예는 딥마인드사의 게임 이론 팀에서 선임 연구원으로 근무하고 있으며, 팀의 스포츠 분석 연구를 공동으로 이끌고 있다. 그의 주요 관심 분야는 다중 에이전트 시스템, 강화 학습, 로보틱스, 제어 시스템 등이 있다. 딥마인사로 오기 전에 미국의 MIT 소속 정보 및 결정 시스템 연구소(LIDS)와 항공 우주 제어 연구소(ACL)에서 박사 학위를 취득했다. 그에 앞서 2012년 캐나다의 토론토 대학교에서 이학사를 취득했고, 2015년 MIT에서 항공학 및 우주 항공학으로 석사 학위를 취득했다. 그는 현재 미국 특허청에 5건의 특허를 공동 출원한 발명가이기도 하다.

서문

인공지능(AI) 기계나 계산 방법을 활용하여 주변 환경을 인지하고 지식을 축적함으로써, 궁극적으로 특정 영역에서 의도한 목적에 맞는 의사 결정을 내릴 수 있도록 하는 기술과 방법을 연구하는 학문을 말한다.

머신러닝(ML) AI의 하위 분야로, 기계가 다양한 감각적 경험을 활용해 의사 결정을 내리는 방법을 학습하도록 만드는 학문으로, 기계 학습이라고도 한다.

왜 하필 지금?

지금이야말로 우리가 중대한 전환점에 도달한 것으로 보이기 때문이다. 최근 인공지능(AI)과 머신러닝의 비약적 발전으로 인해 팀 스포츠 분야와 개인 스포츠 분야를 막론하고 그간 다소 모호했던 분석의 기회가 다시 활짝 열리고 있을 뿐만 아니라, 스포츠 분야에서의 AI 이야기가 점차 인간과 기계의 관계에 대한 이야기로 중심을 옮겨가고 있기 때문이다.

1950년대 중반 인공지능이라는 개념이 처음 등장한 이래, 게임 및 스포츠와의 연결고리는 이미 핵심 요소로 자리를 잡았고, 이는 스포츠에서 경쟁의 요소와 맞먹는 수준이다. 이 책은 이러한 연결고리가 지금의 위치에 도달하기까지 과정을, 그러한 관계 속에서 현재 인간의 위치는 어디쯤인지를, 그리고 미래에는 어떻게 변화가 나타날지를 탐구한다. 또한, 필연적으로 AI가 스포츠 생태계에 미치게 될 중요한 장점과 문제점에 대해서도 자연스럽게 초점을 맞추게 된다.

AI의 역사는 일반적으로 1940년대 후반부터 시작되었다고 보거나 또는 1955년 미국의 컴퓨터 과학자 존 매카시(John McCarthy)가 최초로 '인공지능'이라는 용어를 사용하면서 시작된 것으로 알려져 있다. 하지만 인간과 기계의 관계, 나아가 스포츠와의 관계는 그 역사가 수천 년 이전으로 거슬러 올라간다. 이 책의 주요 내용은 1940~1950년대 '생각하는 기계'에 대한 초창기 논의에서 출발해 인간과 기계의 상호 작용에 해당하는 인터페이스 발전 과정을 주로 다루고 있지만, 그 이전 수천 년 동안 인간과 기계가 어떻게 상호 작용을 해왔는지도 중요한 의미가 있어서, 책의 초반부에서 다루고 있다. 그러므로 AI와 스포츠의 과거 역사, 현재 상태, 그리고 아직 드러나지 않은 미래에 대하여 인간-기계의 상호 인터페이스라는 이야기를 통해 스포츠 영역에서 AI가 발전해온 여정을 일일이 짚어가며 설명하고자 한다.

필자들이 이 책을 어떻게 시작할지 고민하는 동안, 서로 무관한 두 가지 사건이 일어났다. 필자들의 입장에서 보면 두 사건은 이 책의 핵심 주제가 무엇이어야 하는지를 명확하게 보여주는 사건들이다. 말하자면, 핵심 주제는 인간과 기계의 관계와 양자의 공생 발전에 대한 것이면서 동시에 스포츠 영역에서 그 관계를 드러내는 방법에 대한 것이어야 하기 때문이었다. 첫 번째 사건은 화성 탐사차 퍼서비어런스(Perseverance)의 화성 표면 안착에 대한 소식이었다.*

탐사선 착륙이라는 팽팽한 긴장감이 흐르는 가운데 NASA의 관계자는 TV 방송에 나와 이 사건이야말로 기계와 인간 지능이 상호작용을 하면 얼마나 '위대한 성과'**를 낼 수 있는지 무한 잠재력을 보여주는 최적의 사례라고 언급한 바 있다. 물론 우연이었겠지만, 로버(Rover)라 불리는 탐사차에 탑재된 중앙 AI 프로그램의 이름이 'MAARS'인 것은 오직 인간만이 고심하여 할 수 있는 작업이었다. MAARS는 '머신러닝 기반 분석기법 활용 자율 탐사 시스템'(Machine learning-based Analytics for Autonomous Rover Systems)의 영문 첫글자만 모아 만든 명칭이다.

두 번째 사건은 노벨 문학상 수상자인 영국 작가 가즈오 이시구로(Kazuo Ishiguro)의 소설『클라라와 태양』(Klara and the Sun)***의 출간이었다. 소설의 주인공 클라라는 사람을 닮은 로봇인데, 어린이들을 위한 '인공지능 친구'로 만들어졌다. 클라라는 상점의 창가에 앉아서 팔려갈 날만을 기다리지만 그 앞을 지나는 무수한 사람의 발

---

*https://www.nasa.gov/perseverance/
**탐사선 착륙 시 퍼서비어런스 탐사차의 낙하산에는 이진코드로 'Dare mighty things'(위대한 도전)라고 쓰여 있었으나 본문에서는 간단히 위대한 성과로 표현하였다.
https://mars.nasa.gov/resources/25646/mars decoder-ring/
***공교롭게도 클라라는 미국의 과학자로 게임 이론의 창시자인 존 본 노이먼의 아내의 이름과 같다. 노이먼은 미국 프린스턴 대학의 고등연구소에서 앨런 튜링과 함께 근무한 바 있다.

자국을 통해 인간의 본성을 관찰한다. 그렇게 클라라는 인간을 학습하면서 동시에 인간에 대한 이해력을 점차 높여가며 인간과의 접촉을 준비한다.

소설은 전반적으로 부드러운 어조로 전개되고 '인공지능 친구'로서 상냥한 클라라를 그리고 있지만, 작가는 이야기 속에서 은연중 불안한 분위기를 드러내는데, 자칫 AI가 '중앙으로 집중된 권력'의 바람잡이 역할을 할 수도 있으며, 이는 인간에게 아주 '위험스러운 유혹'이라는 것이다. 그럼에도 작가는 희망적인 견해를 견지하며, 여전히 미래에 대하여 '인간과 기계 사이의 최고의 관계를 통해 창출될 시너지를 기념할 수 있을 것'으로 전망하고 있다.*

화성 탐사선 착륙 사건과 이시구로의 소설은 모두 인공지능이 인간 사회에서 차지하는 중심적 역할을 상징적으로 보여주고 있다. 인공지능은 우리의 현재 상태는 물론 다가올 미래에 대해 유토피아적 또는 디스토피아적인 세계관 형성에서 큰 몫을 차지하고 있다. 어쨌거나 현재 또는 미래에서 AI의 영향이 긍정적이건 부정적이건 또는 중립적이건, AI가 현 상황을 점점 주도해 나가리라는 사실에는 의심의 여지가 없다. 미국의 과학기술 잡지 『와이어드』(Wired)의 IT 담당기자인 케이드 메츠가 말했듯이, 앞으로는 "AI를 이끄는 아이디어가 우리의 미래를 이끌 것"이다. 작가인 이시구로는 우리에게 이제 더는 인류의 삶의 방식이 유일하지 않을 수 있다

---

*BBC TV 인터뷰, 2021년 3월 1일자

는 점을 받아들이라고 암묵적으로 강요하면서, 인간이 학습하는 방식과 학습화된 기계를 활용하는 관계가 AI 발전의 핵심이 되어야 함을 시사하고 있다.

2019년 유엔 보고서는 이에 대하여 가까운 미래를 이렇게 전망하고 있다.

우리가 지식을 배우고 접근하는 방식은… 더 이상 지금과 같지 않을 것이다. 이제 디지털 기술의 습득은 모든 교육 프로그램의 중심이 되어가고 있기에…. 그러므로 우리는 '학습하는 법을 학습해야' 한다. 혁신 속도가 우리 삶의 방식을 너무 빠르게 변화시키고 있기 때문이다.*

우리가 무엇을 어떻게 배우느냐가 인류 발전의 핵심이라면, 인간과 학습하는 기계의 관계는 필연적으로 점점 빠른 속도로 발전할 것이다. 1940년대에 '생각하는 기계'라는 개념이 현실화의 가능성을 보일 때부터 이론은 항상 실제의 구현을 앞질러 왔다. 이는 대체로 기술이 새로운 아이디어와 보조를 맞추지 못했기 때문이다. 하지만 2021년 현재에는 기술과 이론의 격차가 상당히 좁아져 있다.

존 매카시가 최초로 '인공지능'이라는 용어를 사용하던 당시, 매카시는 '생각하는 기계'라는 개념에 대한 학제 간 연구를 장려하는 차원에서 두루뭉실한 의미로 이 용어를 쓰기 시작했다. 1950년 앨

---

*UN(2019), 〈인공지능 윤리〉. 온라인 이용: https://www.un.org/en/chronicle/article/towards-ethics-artificial-intelligence

런 튜링(Alan Turing)이 "기계도 생각할 수 있을까?"라는 질문을 던진 이후로 이 분야는 실질적인 발전이 거의 이루어지지 못한 고립된 섬 같은 학문이었다. 하지만 2021년 현재 비약적으로 발전한 컴퓨팅 처리 능력은 기술을 이론과 비등한 수준으로 발전시켰고, 학문 간 경계도 크게 완화되었으며, 실제로 그렇게 되고 있다. 그러한 이유로 인해 튜링이 질문을 던진 지 70년 가까이 되어가는 지금 우리는 그 답을 놓고 토론을 벌일 수 있게 되었다.

사실 당시에는 튜링도 자신의 질문이 '황당한' 질문임을 바로 인정하고, 대신에 그 질문을 '모방 게임'(the imitation game)*이라고 부르는 게임 형태로 재구성하려고 했다. 이와 같은 이유 때문이라도 게임은 처음부터 인공지능의 역사에서 특별한 위치를 차지하게 되었다. 어쨌거나 튜링은 자기 질문의 황당한 점을 우려하기는 했지만, 원래의 논문 후반부에서 자신의 확고한 생각을 다음과 같이 남겼다.

어쨌거나 50년쯤 지나면 컴퓨터를 프로그래밍하게 될 텐데… 모방 게임을 보다 잘 처리하게 되어, 통상 질문자가 5분 동안 질문을 하면 올바른 답을 찾아낼 확률이 70%에는 이르지 않을까 한다.

어쨌든 인공지능은 우리 삶에 이미 깊숙이 들어와 있으며, 앞으로 인간의 실존에 엄청난 영향을 미칠 것이다. 그런 의미에서 스포츠 분야에서 AI 활용 분석을 통해 저자들은 이 책이 향후 우리 앞

---

*A.M.Turing, Computing Machinery and Intelligence, Mind, LIX, 236, October 1950, 433–60, https://doi.org/10.1093/mind/LIX.236.433

에 놓이게 될 기술적, 이론적, 윤리적 논의에 의미 있는 가치를 부여할 수 있기를 기대한다.

왜 하필 스포츠인가?

스포츠와 경쟁은 인간이 본능적으로 가진 요소이다. 그래서 우리는 게임을 즐기며 경쟁을 한다. 딥마인드사의 알파폴드(AlphaFold) 프로젝트가 네이처지에 게재된 후 데미스 하사비스(Demis Hassabis, 딥마인드의 창립자 및 CEO)는 인터뷰에서 이렇게 이야기했다.

> 놀라운 건 제가 딥마인드사를 시작할 때부터 가지고 있던 생각이 있는데, 즉 인공지능을 구축하고 게임을 통해 증명하고, 그리고 나면 과학적 난제에 이를 활용해 보는 것인데, 이 생각이 제대로 통하더라는 겁니다.*

그 과정에서 하사비스는 AI 발전의 통로가 인간이 즐기는 복잡한 구조의 게임이나 스포츠를 통해 드러날 수 있음을 암묵적으로 인정했다.

챗봇이 모방 게임이라고 불리는 튜링 테스트를 표면적으로 통과했다 하더라도, 우리는 여전히 기계가 인간의 의미를 실제로 이해할 수 있는지, 그리고 단순한 관찰을 통해 그 의미를 학습한 후, 학습 결과를 가지고 인간의 문제를 해결할 수 있는지에 대한 질문에

*https://www.nature.com/articles/d41586-020-03348-4

답하지 못하고 있다. 그러나 이 과정은 앞으로 필연적으로 일어날 것이며, AI는 매일같이 우리를 둘러싼 세상을 변화시켜 나갈 것이며, 특히 스포츠 분야에서는 더욱 두드러질 가능성이 크다. 그 이유를 살펴보면, 산업 전반에서 AI의 활용이 심화할수록 인간의 여가 시간은 그만큼 늘어날 것이고, 이미 사회적으로 강력한 영향력을 지닌 스포츠와 게임의 중요성은 앞으로 더 커질 수밖에 없기 때문이다.

기계를 통해 인간의 행동을 보완하고 제어해 보려는 아이디어는 그리 새로운 개념은 아니며, 사실 코칭이라는 개념이 처음 도입된 순간부터 프로 스포츠계의 염원이었다. 실제로 1970년 당시 영국 축구 1부 리그(현재의 프리미어 리그에 해당) 팀인 울버햄프턴 원더러스의 감독 빌 맥개리(Bill McGarry)는 자신이 맡은 청소년팀 선수들에게 간단한 무선통신기를 연결하여 경기 중 실시간으로 개별 코칭을 시도했다. 이 실험은 나름 성공을 거두었으나 영국 축구협회는 즉시 이를 금지했다. 그러나 경기 중 실시간으로 선수와 경기에 영향을 미칠 수 있기를 바라는 꿈은 여전히 많은 스포츠 코치들의 마음 속에 살아 있다.

컴퓨터 처리 능력과 머신러닝의 이해 속도가 기하급수적으로 발전할 가능성이 큰 만큼 지금은 AI의 역할과 더불어 현재와 미래에 AI가 수행할 수 있는 역할과 가능성을 분석하기에 적절한 시점이다. 사실 AI의 비약적인 발전 중 일부는 게임과의 관계 속에서 이루어져 왔다. 또한, 스포츠의 경쟁 개념에 AI를 지속적으로 적용할수록 머신러닝에 대한 이해 또한 더욱 깊어질 것이다.

특히 축구*는 몇 가지 이유에서 AI의 발전과 축구 자체의 발전을 위하여 매우 비옥한 토양을 가지고 있다. 축구는 다른 스포츠에 비하면 체계적인 대규모 데이터 수집 작업이 상대적으로 늦게 이루어졌다. 거기에는 몇 가지 중요한 이유가 있는데, 축구는 다른 스포츠와 비교할 때 경기 환경을 통제하기가 매우 까다롭다는 점(예를 들면, 대규모 야외 경기장, 역동적인 경기 진행 방식 등)과 축구만의 핵심 교리 같은, 말하자면 프로 축구에서 경험하며 각종 기록을 남긴 축구 전문가에 크게 의존한다는 점들을 들 수 있다.

축구에 대한 분석은 앞으로 여러 가지 기술적 도전 과제를 제시할 것이고, 이는 AI를 활용한 다양한 기술을 통해 해결할 수 있는 문제로 여겨진다. 축구라는 게임은 실제 환경을 반영하는 훌륭한 실험실로, 컴퓨터 비전(computer vision), 통계적 학습(statistical learning), 게임 이론(game theory)의 세 가지 분야가 서로 얽히고설킨 지점을 분석할 수 있다. 축구 경기에서는 선수가 다른 선수들을 마주치면서 협력 또는 경쟁 관계에서 지속적인 의사 결정을 내려야 하므로, 상호 간의 의사결정을 다루는 게임 이론이 매우 중요한 역할을 하게 된다. 한편, 경기 중 특정 상황에서의 전술적인 해결책은 경기 상황과 특정 선수의 움직임을 바탕으로 학습을 할 수 있으며, 이는 통계적 학습을 핵심적 연구 영역으로 만들 수 있다. 마지막으로, 선

---

*이 책 전반에 걸쳐 '축구'라는 용어는 soccer(Association Football)를 의미한다. 미식축구(Gridiron Football)와는 다른 스포츠이므로 혼동하지 않기 바란다.

수들의 움직임을 추적할 수 있고, 다양한 이미지와 비디오 데이터를 통해 게임 시나리오를 자동으로 인식할 수 있다.

이 책에서 축구에 대한 사례 연구가 과도하게 집중되어 있는 점에 대해서는 저자로서 미리 양해를 부탁드린다. 당연히 이 책에서는 미식축구, 야구, 크리켓, 럭비, 아이스하키, 농구, 배구 같은 팀 스포츠 종목은 물론 사이클링, 골프, 체조, 복싱과 같은 개인 스포츠 종목과 함께 팀 사이클링과 같은 하이브리드 스포츠* 종목도 다룰 것이다.

마찬가지로, 스포츠 팬의 입장에 대해서도 살펴보고, AI 활용에 따른 상업적 잠재력도 알아볼 것이다. 경기장의 현장 상황과 엔터테인먼트 요소, 상업적 요소는 서로 밀접하게 연결되어 있기 때문에 AI가 스포츠 생태계 전반에 미칠 영향은 대단히 클 것이다. 우리 저자들의 목표는 스포츠라는 틀 속에서 AI가 과거와 현재에 미친 요인들을 파악하고, 미래에 스포츠 영역의 안팎에 미칠 영향을 예측하는 것이다.

마지막으로, 스포츠 분야에서 혁신의 속도는 윤리적 고려를 무시할 수 없기 때문에, 이를 해결하고 가야 한다는 점을 강조하고자 한다. 점점 많은 연구소는 물론 다양한 조직의 콘소시엄이 AI 연구와 관련된 윤리적 측면을 논의하고 분석에 나서고 있다. 이러한 노력은 AI의 발전이 일상생활에 광범위하게 미치는 영향을 고려할 때 특히 중요하다. 스포츠가 이미 사회적으로 강력한 영향력을 발

---

*팀 스포츠와 개별 스포츠 성격을 모두 갖고 있는 스포츠를 표현한 말이다.

휘하고 있다는 점을 인정하는 것이야말로 AI와 스포츠의 윤리적 담론의 중요성을 더욱 부각시킨다.

제1부 어떻게 여기까지 왔을까?

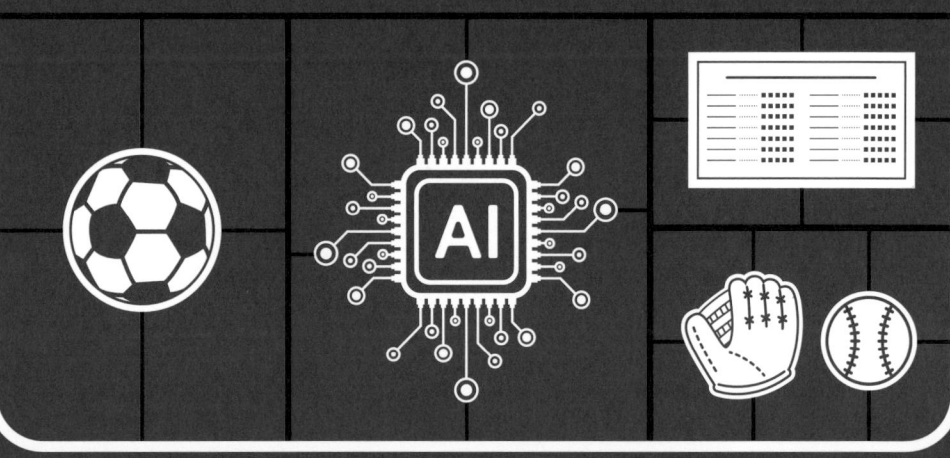

1장 튜링의 등장까지
(1950년 이전)

인간과 기계의 상호 작용은 그 역사가 매우 유구하다. 주판이 5,000년 이상 사용되어 왔다는 사실은 계산(computation)에 대한 인간의 관심이 타고난 본성일 가능성을 암시한다. 그 때문인지 확실하지는 않지만 17세기에 접어들면서 유럽에서는 빌헬름 시카르트(Wilhelm Schickard), 윌리엄 오트레드(William Oughtred), 블레즈 파스칼(Blaise Pascal), 고트프리트 빌헬름 라이프니츠(Gottfried Wilhelm Leibniz) 같은 과학자와 수학자들이 연산기(calculator) 또는 계산하는 기계(computing machine)라 불리는 장치를 연이어 개발한다. 오스트리아의 마리아 테레지아 재위 시절 볼프강 폰 켐펠렌(Wolfgang von Kempelen)이라는 발명가가 황실의 여흥을 위해 제작한 '터크'(Turk)라는 기계 장치는 인간처럼 사고하는 기계, 나아가 일부 게임에서 인간을 능가할 수 있는 기계에 대해 당시 사람들이 깊은 관심을 가지고 있었음을 보여준다. 실제로 이 기계는 체스 게임에 동원되었다. 하지만 나중에 밝혀진 이야기는 이 기계가 실은 체스 고수인 인간이 내부에 숨어 있었던 가짜*였다는 사실이다.

어쨌든 자동으로 체스를 두는 기계의 역사는 이처럼 오래되었으며, 1997년 IBM의 딥블루(Deep Blue)가 인간 체스 세계 챔피언 카스파로프와 맞붙어 이기게 된다. 체스 게임은 그 수가 한정되어 있음을 보여준 독일의 수학자 체르멜로(Zermelo)의 1913년 논문**은 초기의 게임 이론에 접근하려던 사례 중 하나였고, 결국 이러한 노력으로 딥블루 같은 기계의 개발까지 이어졌다. 덧붙이자면, 최근에 미국 기업 아마존(Amazon)이 온라인 인력 중개 서비스를 개발하고 M터크(Mechanical Turk)***라고 이름을 붙였는데, 흥미롭게도 기업이 인재를 찾아 고용하도록 지원하는 일종의 크라우드소싱 서비스이다. 아마존이 개발한 M터크가 앞으로 얼마나 오랜 기간 활용될지는 알 수 없지만, 1770년 발명되어 1854년 미국 필라델피아 화재로 소실되기까지 84년 동안이나 존재했던 가짜 자동 체스 기계인 터크(Turk)보다는 오래 살아남을 것이다.

---

*체스를 두는 인형인 터크는 1770년 개발 당시부터 체스 고수가 내부에 숨어서 조작하는 일종의 마술 도구였으며, 1820년에서야 사람이 안에 있었다는 사실이 발각되었다.

**E. Zermelo, On the Application of Set Theory to the Theory of Chess Games, Proceedings of the Fifth International Congress of Mathematicians, Cambridge, 22–28 Aug. 1912, 1913, II, pp. 501–4. Also, "On an Application of Set Theory to the Theory of the Game of Chess" in Rasmusen E., ed., 2001, Readings in Games and Information, Wiley–Blackwell, pp. 79–82.

***Amazon Mechanical Turk (mturk.com)

19세기에 접어들며, 영국 수학자 찰스 배비지(Charles Babbage)*의 해석 기관(Analytical Engine)이 등장하면서 큰 진전이 이루어진다. 해석 기관은 기계식 컴퓨터의 원형으로 논란의 여지가 있지만 최초의 범용 컴퓨터로 평가되고 있다. 당시 배비지가 주관하던 모임의 고정 참석자 중에는 에이다 러브레이스(Ada Lovelace)라는 여성이 있었는데, 세계 최초의 컴퓨터 프로그래머로 알려진 인물이다. 러브레이스는 천공 카드를 활용하여 명령어를 순차적으로 배치하는 기발한 방법을 개발함으로써 해석 기관을 프로그래밍하는 방법을 고안했다. 1843년 러브레이스가 발표한 논문에는 배비지의 해석 기관과 당시 사용되던 계산기들 사이의 본질적인 차이점이 잘 드러나 있다. 매년 10월 두 번째 화요일은 과학·기술·공학·수학(STEM) 분야에서 여성들의 기여를 기념하는 러브레이스의 날이다. 이날을 꼭 기억하고 기념하도록 하자.

배비지와 조지 불(George Boole), 러브레이스의 연구 성과는 최초의 컴퓨터 장치(computational machine)로 불릴 만한 기기의 등장에 대한 예고였다. 마침내 1880년대 허먼 홀러리스(Herman Hollerith)에 의해 개량된 천공 카드 시스템을 활용한 기기가 출현한 것이었다. 미국 MIT에서 근무하던 홀러리스는 천공된 구멍을 연속적으로 이용하는 방식으로 정보를 전기 신호로 변환시키는 기계를 개발하게 되었다. 처음에는 종이 테이프를 사용했지만 이후 천공 카드 방식으로 바뀌었다. 실제로 홀러리스의 천공 카드 시스템은 1890년 미국

---

*찰스 배비지(Charles Babbage)는 영국의 수학자, 컴퓨터 과학자이자 철학자, 발명가로서 '프로그램이 가능한 컴퓨터' 개념의 시초이다. '컴퓨터의 아버지'로 불린다.

인구조사 업무에서 끔찍한 숫자 계산이라는 중노동을 기계화하는 데 활용되었다. 당시 미국 정부는 홀러리스의 천공 카드 시스템 덕분에 약 500만 달러(현재 가치 약 1억 5천만 달러)를 절약할 수 있었고, 방대한 인구 데이터의 수집과 분류, 분석 작업을 훨씬 적은 인력을 가지고 훨씬 짧은 시간 내에 완료할 수 있었다고 한다. 이후 이러한 시스템의 기본 설계는 20세기 내내 컴퓨터 산업의 핵심 기반이 되었으며, 홀러리스가 설립한 회사는 이를 주도하다가 나중에 세계적인 IBM사(International Business Machines Corporation)로 발전한다.

인간과 게임(놀이)의 관계 역시 그 역사가 매우 깊다. 네덜란드의 철학자 요한 하위징아(Johan Huizinga)는 1938년 『호모 루덴스』(Homo Ludens, 놀이하는 인간)라는 저서에서 게임(놀이)은 인간 존재의 본질일 뿐만 아니라, 인류 문화 발전에도 필수적인 역할을 했다고 주장했다. 하위징아에게 게임(놀이)은 모든 복잡한 인간 활동이 출현하고 발전하기 이전부터 존재해온 개념이었다.

게임(놀이)이 인간 공동체가 처음 형성될 때부터 존재했을 가능성은 거의 확실하다. 초기 형태의 놀이는 사냥이나 전쟁에 대비한 훈련의 일환이었으며, 여기서부터 빠르게 스포츠로 발전하여 올림픽 경기나 마상 시합 같은 스포츠 이벤트로 진화하였다. 모든 고대 문명에서 막대와 공을 활용한 놀이가 존재했다는 증거는 수없이 많다. 이러한 놀이는 손과 눈의 협응력 훈련을 위해서였을지 모르지만, 대개는 그저 재미를 위해 즐겼던 것으로 보인다.

이러한 스포츠형 게임이 최전방에서 병사 훈련용으로 활용되었다면, 전략적 사고를 기르는 교육은 보드게임을 통해 이루어졌다. 고대 그리스의 페테이아(Petteia, 장기와 유사한 게임)나 체스 같은 보드게임이 그런 게임이다. 특히 체스 게임의 원형으로 알려진 고대 인도의 차투랑가(Chaturanga)라는 게임은 '4대 요소' 또는 '사지(四肢)'라는 의미를 가지는데, 이는 당시 군대의 4대 주요 전력 편성 방식인 보병, 기병, 전차 부대, 코끼리 부대를 상징한다. 흥미롭게도 전쟁 시뮬레이션 게임이 별도의 학문으로 발전하면서 실제 전쟁에서 생기는 불확실성을 반영하기 위해 주사위가 사용되기 시작한다. 이는 스포츠 활동에서도 흔히 나타나는 불확실성과 같은 개념이다. 19세기에 접어들면서 여러 나라들이 전쟁 시뮬레이션 게임을 개발하기 시작했으며, 이는 종종 모든 전쟁 게임의 원조라고 불리는 프로이센의 크리그슈필(Kriegsspiel)에서 유래되었다.

최초의 전쟁 시뮬레이션 게임인 크리그슈필은 원래 프로이센의 귀족 게오르크 레오폴트 폰 라이스비츠가 개발한 것으로, 1824년 그의 아들인 게오르크 하인리히 루돌프 요한 폰 라이스비츠에 의해 대폭 개선된다. 이후 많은 국가의 군대가 이 게임을 모방하기 시작했으며, 특히 제1차 세계대전과 제2차 세계대전 동안 더욱 확산되었다. 미국과 일본도 이 게임을 이용해 태평양 전쟁 시나리오를 수립하였고, 실제로 태평양 전쟁은 양측이 시뮬레이션을 통해 예측한 대로 전개되었다. 다만, 안타까운 점은 게이머에 해당하는 전쟁 계획 수립자들이, 인간이 이 게임에서 얻을 수 있는 교훈을 무시할 수도 있다는 점을 예상하지 못했을 뿐만 아니라, 양측 모두 명백히 예측 가능한 결과조차 무시한 채 각자의 계획을 고수했다는 점이다.

군사 훈련 같은 특정한 목적에서 시작된 훈련은 곧 게임으로 연결되었다. 그리고 궁극적으로는 공식적인 스포츠 활동으로 발전하였다. 같은 맥락에서 전쟁 수행을 분석하려는 접근 방식은 곧 게임의 핵심 요소가 되었고, 결국 조직화된 스포츠로 연결되었다. 19세기 중반, 스포츠와 관련하여 보다 분석적인 접근 노력이 나타나기 시작하는데, 그 중 하나가 야구에서 헨리 채드윅(Henry Chadwick)이 고안한 '박스 스코어'(box score)였다. 야구에서 선수들이 거둔 성적을 요약하여 보여주려는 최초의 시도로, 당시 크리켓 경기의 점수 카드와 유사한 개념이었다. 박스 스코어에는 진행 중인 경기 횟수, 아웃, 득점, 홈런, 삼진 등이 기록되었다. 채드윅의 노력은 1859년 『뉴욕 클리퍼』(The New York Clipper)라는 주간지에서 처음으로 기사화되었다. 그림 1.1은 1925년판 『베이스볼 매거진』(Baseball Magazine)에서 박스 스코어 카드를 소개하면서 게재한 최초의 박스 스코어 카드의 모습이다.

The First Recorded Box Score of a Ball Game

STARS	R	H	P	A	E	EXCELSIORS	R	H	P	A	E
Tracy, c	1	0	8	0	3	Reynolds, ss	1	2	1	3	
F. Whitney, 1b	2	2	5	2	0	E. Whitney, 3b	2	1	1	3	
E. Patchen, rf	3	2	1	0	0	Legget, c	3	2	8	1	
S. Patchen, ss	3	2	1	3	1	Pearsall, 1b	1	0	7	0	
Fairbanks, cf	2	1	0	0	1	C. Whiting, cf	1	1	2	1	
Ticknor, 2b	2	1	5	0	1	Brainard, 2b	1	1	3	0	
Creighton, P.	1	0	4	1	0	Polhemus, rf	1	1	2	0	
Manly, 3b	1	1	1	1	1	Markham, lf	0	0	2	0	
Flanly, lf	2	2	2	0	0	Etheridge, P.	2	2	1	2	
Totals	17	11	27	7	7	Totals	12	10	27	10	

Stars .... 2 0 3 0 1 0 1 0 10—17
Excelsiors ... 0 2 0 1 0 0 0 6 3—12
Earned runs—Stars 3, Excelsiors 2.
Battery errors—Stars 5, Excelsiors 4.
Struck out—Stars 1. Umpire, S. O'Brien
Time, 3 hours.

그림 1.1 헨리 채드윅이 고안한 최초의 '박스 스코어' 카드 (미국 야구 명예의 전당 제공)

헨리 채드윅은 1938년 미국 야구 명예의 전당에 헌액되었다. 현재 미국 야구연구회(SABR: the Society for American Baseball Research)에서는 2009년부터 야구 발전에 탁월한 공헌을 한 사람에게 헨리 채드윅 상을 수여하고 있다. 빌 제임스(Bill James) 역시 이 상의 수상자 중 한 명인데, 그에 대해서는 후에 자세히 다루게 된다.

채드윅의 기사가 『뉴욕 클리퍼』에 실린 지 50년 후, 휴 풀러턴(Hugh Fullerton)과 존 J. 에버스(John J. Evers)가 지금까지도 야구 관련 명저로 칭송 받는 『끝내기 2루타: 야구의 과학』(Touching Second: The Science of Baseball)이라는 도서를 출간한다. 1909년 야구 시즌에 대해서는 물론 경기 전반을 통계적으로 분석한 책이었지만, 이 책의 저자들이 주로 관심을 보인 목표는 단순히 1909년 시즌에 대한 기록을 넘어, 다음과 같은 것이었다.

야구 팬과 어린 선수들은 물론 모든 야구 애호가에게 미국의 국기라 불리는 야구의 세세한 내면을 보다 잘 이해시키고, 경기장에서 움직이는 선수들 뒤에서 벌어지는 용병술과 치열한 두뇌 싸움인 이면의 전쟁*을 볼 수 있게끔…

저자들이 야구에 대하여 ("야구는 인간이 고안해낸 운동 형식의 오락 중 가장 발달된 형태이며, 과학적이며 논리적인 운동"이라고) 다소 거창한 주장을 했음에도 불구하고, 핵심은, 어쩌면 그 점이 명확히 드러나지 않았을지 모르겠지만, 야구라는 게임에 대한 폭넓은 이해를 도모하려는 것이었다. 그런 의미에서 저자들은 이렇게 주장하고 있다.

야구는 정확하면서도 과학적 원리에 기반하여 운영되는 유일한 게임이다. 경기장은 기하학적으로 엄밀하게 설계되어 있기 때문에… 궁극적으로는 누구나 즐기는 게임으로 진화하게 되었다.**

이 책이 지닌 전반적인 특성은 목차에서 잘 드러나고 있는데, 그림 1.2에 그 목차가 소개되어 있다.

---

*J. Evers, and H. Fullerton, Touching Second: The Science of Baseball, 1910 (Introduction).
**상동, p. 12.

목차

장번호		페이지
I	게임	11
II	선수	25
III	야구법	42
IV	승리팀 만들기	56
V	관리 및 의무	73
VI	포수	87
VII	투구	100
VIII	내부 게임	119
IX	외야	140
X	타격	154
XI	주루	168
XII	심판	181
XIII	새로운 플레이 개발	196
XIV	콤비네이션 플레이	209
XV	스프링 트레이닝	220
XVI	게임의 세부 사항	246
XVII	벤치	263
XVIII	중요 경기의 결정적인 순간	282
XIX	점수 기록	300

그림 1.2 플러턴과 에버스의 저서 『끝내기 2루타: 야구의 과학』 목차

여기서 전쟁 시뮬레이션 게임이 게임 그 자체 발전에 미친 영향으로 되돌아가 살펴보자면, 제2차 세계대전의 종전은 그러한 활동을 재기하는 계기가 되었고, 미국은 군사 전략가들이 불가피하다고 예상한 열핵전쟁 대비 시나리오 계획을 구축하기 시작한다. 전쟁 시뮬레이션 게임도 마찬가지겠지만 시나리오 계획이라 하면 미래를 예측하거나, 그 상황에 최대한 가까이 다가가는 여러 가지 방편 중 하나로, 전략, 전술, 작전상의 필요에 따라 이루어진다. 제대로 된 시나리오 계획이 강력한 힘을 가진다는 사실은, 이를 조금 일반화하여 말하면, 인간의 가장 근본적인 두 가지 동인을 자극하기 때문이다. 즉, 인간은 호모 나란스(homo narrans, 이야기하는 인간)인 동시에 호모 루덴스(homo ludens, 게임하는 인간)이기 때문이다. 시나리오 계획은 기본적으로 이야기 창작 과정인 동시에 보다 창의적으로 게임을 수행하는 과정이라는 말이다.

조직적인 관점으로 볼 때, 시나리오 계획은 제2차 세계대전 직후 새로 설립된 RAND 연구소*의 핵심부에서 진지하게 학문으로 발전하기 시작했다. 이 연구소의 사실상 중심인물이자 정신적인 지주는 허먼 칸(Herman Kahn)이었는데, 후에 허드슨 연구소(Hudson Institute)**의 설립자이기도 하다. 칸은 '미래학자'라고 분류되는 초기 인물 중 한 명으로, 파이낸셜 타임즈(Financial Times)에서 '20세기 인물'로 선정

---

*RAND는 미국의 대표적인 싱크탱크 중 하나로, 'Research and Development'의 약칭이다.
**허드슨 연구소(Hudson Institute)는 미국의 워싱턴 D.C.에 본부를 두고, 국방, 국제 관계, 경제, 의료, 기술, 문화 및 법률 분야의 학제 간 연구를 통해 기존 관념을 개선하고, 미래에 대비하여 전략적 전환 관리를 지원하는 보수적 싱크 탱크이다. https://www.hudson.org/

한 존 본 노이먼(John von Neumann)과 같은 당대 최고의 지성들과 함께 연구했다. 헝가리 출신 미국 수학자 존 본 노이먼은 게임 이론의 창시자 중 한 명으로 손꼽히며, 칸은 흔히 시나리오 계획의 아버지로 불린다.*

당시 이러한 인물들은 냉전 시대의 최전선에 서 있으며, 예전이라면 상상조차 할 수 없는 일들을 예측하느라 골몰해야 했다. 그들의 임무는 핵전쟁을 대비하여 시뮬레이션하는 것이었다. 어떻게 하면 핵전쟁이 일어나지 않게 막을 수 있을까? 실패한다면, 어떻게 핵전쟁에서 이길 수 있을까? 그마저 안 된다면, 어떻게 핵전쟁에서 살아남을 수 있을까? 쉽게 말해, 예전 같으면 그 누구도 고민할 필요 없던 미래의 이야기를 창조해야 했다. 그러기 위해 RAND 연구소에서 가장 먼저 창안한 것은 시나리오 계획의 제1원칙으로 다양한 지성의 수용이었다. 뉴요커지(The New Yorker)에 따르면, 당시 RAND 연구소의 분위기는 대체로 다음과 같았다.

연구소 분위기는 한편에서는 남부 캘리포니아의 자유분방함이 있는가 하면, 다른 한편에서는 시카고 대학의 근엄한 학문적 전통이 공존하고 있었다. 하지만 RAND 연구소 직원들은 누구나 자신이 그런 분위기를 능숙하게 활용하고 있다고 믿었으며, 폭넓은 독서를 하면서 살롱을 열고 미래학을 비롯해 다양한 주제에 대하여 토론하곤 했

---

*Peter Schwartz, The Art of the Long View: Planning for the Future in an Uncertain World, New York: Currency Doubleday, 1991, p. 7.

다. 그들은 마치 바보들 세상의 똑똑이 같았으며, 특히 제복 입은 군인을 보면 과학적 사고가 부족한 구시대의 유물로 간주하곤 했다. 마치 야구 통계학자 빌 제임스가 전설적인 감독 돈 짐머에게 경험의 지혜만 강조할 뿐 전략적 사고를 간과하고 있다고 말한 것처럼.*

게임 이론과 스포츠 이론

게임 이론은 상호 간에 이루어지는 의사 결정에 관한 이론으로, 상호 작용에 참여하는 주체(또는 선수)가 다른 사람의 행동을 이해하고 그에 상응하는 적절한 행동을 선택할 수 있게 돕는 도구를 이론적으로 제공한다. 오랫동안 이러한 게임 이론은 수학자와 경제학자들의 학문적 연구 영역으로 머물러 있었는데, 이들은 주로 추상적인 수학적 모델을 통해 게임을 연구해 왔다. 초창기에는 주로 제로섬 게임(zero sum game: 한쪽에 득이 되면 다른 쪽은 반드시 손실이 생기는 게임) 상황에서 연구가 이루어져 왔으나, 나중에는 범위가 넓어져 일반합 게임(general-sum game, 한쪽의 이익이 반드시 다른 쪽의 손실을 의미하지 않는 게임으로, 비영합 게임이라고도 부름.) 상황까지 확장되었다. 1970년대에 들어 존 매이너드-스미스(John Maynard-Smith)가 진화 게임 이론(Evolutionary game theory)을 도입한 것을 계기로, 게임 이론은 생물학과 사회학 같은 다른 분야로도 확장되었다. 최근에는 게임 이론의 개념이 다양한 실생활 분야로 빠르게 적용되면서, 경매, 로봇공학, 금융 등의 분야에서 실제로 활용되고 있다. 그 결과, 현실의 구체적인 문제를 '게임

---

*The New Yorker, June 27, 2005 Issue, Fat Man, Herman Kahn and the Nuclear Age by Louis Menand.

화'(gsmification)하려는 시도가 본격적으로 이루어지고 있다.

그러한 맥락에서 보자면, 게임 이론의 개념을 스포츠 분야에서 마주하는 건 그다지 놀라운 일도 아니다. 특히 스포츠에서는 애초에 게임에서 추상적으로 고려되던 몇 가지 핵심 요소인 협력, 경쟁, 다른 사람의 행동이나 의도에 따른 불확실성 등을 명확하게 드러내 보여 준다. 이는 AI와 스포츠 생태계의 관계를 이해하는 데 있어 결정적인 역할을 한 존 본 노이먼의 업적을 더욱 도드라져 보이게 한다.

본 노이먼은 1944년 오스카 모겐스턴(Oskar Morgenstern)과 공동 저술한 저서 『게임 이론과 경제 행동』(The Theory of Games and Economic Behavior)*으로 더 잘 알려진 인물이지만, 게임에 대한 그의 학문적 관심은 그보다 거의 20년 전으로 거슬러 올라간다. 1920년대 중반, 동유럽에서는 게임과 수학에 대한 논의가 맹렬하게 진행됐는데, 특히 독일과 헝가리 학자들 사이에서는 체스 게임과 수학 이론에 대한 체르멜로의 이론**을 기반으로 논의가 이루어졌다.

그런 점에서 본 노이먼은 항상 체르멜로에게 빚을 졌다고 언급했으며, 자신과 동시대 인물인 프랑스 수학자 에밀 보렐(Émile Borel)의 업적에서 영향을 받았음을 인정했다. 일찍이 1921년 보렐은 실험 대상으로 포커 게임을 골라서, 본 노이먼이 하려던, 게임 이론에 대한 저서를 발간한 바 있다. 두 사람 모두가 흥미롭게 관찰한 것은 불완

---

*J. Von Neumann, and O. Morgenstern, The Theory of Games and Economic Behavior, Princeton, NJ: Princeton U. Press, (1944) 1947.
**E. Zermelo, On the Application of Set Theory to the Theory of Chrss games, Proceedings of the Fifth International Congress of Mathematicians, Cambridge, 22–28 Aug. 1912, 913, II, pp. 501–4.

전한 정보를 가지고 상대방을 속이는 블러핑 전략과 그에 따라 상대방의 행동을 예측하는 과정이었다. 이를 통해 보렐은 게임 이론이 경제 문제와 군사 문제 해결에 활용될 수 있음을 예견하기도 했다.

본 노이먼은 다른 학자들과 함께 집합론과 팔러 게임(parlor game: 19세기 유럽과 미국의 저택에서 유행하던 가벼운 말장난 또는 언어 유희)의 관계를 연구한 적이 있어, 그러한 연구 결과가 항상 보편성을 띠어야 한다고 믿었다. 그런 의미에서 다음과 같이 이야기했다.

어떤 사건에서 외부 조건이 주어지고 그 상황에 놓인 사람이 존재한다면… 그 사건은 참여자에게 미치는 영향을 고려할 때, 전략적 게임으로 간주할 수 있다.

본 노이먼의 핵심 주장은 게임 이론의 연구 결과가 더 현실적이고 직관적으로 인식 가능한 모델이 될 수 있다는 것으로, 이론적 개념에서 인간을 완벽하게 합리적 의사결정자로 보는 호모 이코노미쿠스(homo economicus, 경제적 인간)를 넘어설 수 있다는 것이었다.

이와 같은 초창기의 연구 결과는 마침내 1944년 게임 이론(The Theory of Games)으로 탄생한다. 미국으로 온 본 노이먼이 뉴멕시코 주 로스앨러모스에서 당대 최고의 지성들로 이루어진 그룹에 합류한 지 1년 만에 거둔 쾌거였다. 저서는 게임 이론을 자체적으로 독립된 연구 분야로 인정받게 만든 결정적인 연구이면서 본 노이먼의 초기 미니맥스 정리를 확대시켜 두 명 이상이 참가하는 게임으로 발전시켰을 뿐만 아니라 포커 게임처럼 불완전 정보 게임을 정식으로 연구할 수 있는 계기를 마련하였다.

그로부터 3년 후, 또 다른 학제 간 연구 분야가 등장한다. 미국의 수학자 노버트 위너(Norbert Wiener)가 『사이버네틱스*: 동물과 기계에서의 제어와 소통』(Cybernetics: or Control and Communication in the Animal and the Machine)**이라는 저서를 출간한 것이다. 위너는 앞서서 프랑스 수학자 앙드레-마리 앙페르(André-Marie Ampère)가 『과학 철학 에세이』라는 저서에서 썼던 용어라는 사실을 모른 채 '사이버네틱스'라는 용어를 새롭게 고안해 냈다면서 자신의 연구가 정보 처리와 제어 이론에 방점을 두고 있음을 강조했다. 위너는 사람이나 동물의 지적 행동이 반복적으로 이루어지는 '피드백 메커니즘'을 통해 도출된다는 점을 깨닫고, 이 개념을 연구하면 새로운 학문 분야를 만들 수 있다고 보았다. 그리고 만약 이 개념이 맞다면, 기계도 이러한 피드백 메커니즘을 모방할 수 있을 것으로 추론했다. 게다가 그 시기에 현대 인공지능으로 향해 가는 또 다른 발전이 이루어지는데, 바로 '논리 이론가 프로그램'(The Logic Theorist program)의 등장이다. 1955년 뉴웰과 사이먼에 의해 고안된 이 프로그램은 최초의 AI 프로그램으로 평가받는 프로그램이다.

---

*사이버네틱스(Cybernetics)는 한국어로 '인공두뇌학' 또는 '자율제어학'으로 번역되는 학문 분야이지만 여기서는 사이버네틱스를 그대로 사용하기로 한다.
**N. Wiener, Cybernetics: or Control and Communication in the Animal and the Machine, Wiley; 1948.

프린스턴 대학의 고등연구소(Institute of Advanced Study)에서 본 노이먼의 팀이 그랬던 것처럼, 위너의 동료 연구자들 역시 아르투로 로젠블루에스(Arturo Rosenblueth)와 줄리안 비글로(Julian Bigelow)를 주축으로 그야말로 다양한 분야 출신의 전문가 집단으로 이루어졌다. "많은 기성 학문 사이에 놓인 전인미답의 신천지"라는 위너의 말처럼 새로운 학문 분야 창출에 안성맞춤인 조직이었다. 본 노이먼이나 위너가 이러한 신학문 분야를 혼자서 만들어냈다고 보는 것은 함께 연구했던 사람들의 입장에서는 분명 공성하지 않은 일일 것이다. 연구팀을 다양한 분야의 전문가로 맞추어 구성하는 것은, 팀 내에서 개인의 역할도 중요하지만, 어쩌면 더 중요한지 모르겠다. 이에 대하여 위너는 이렇게 이야기했다.

과학이라는 지도에서 미지의 영역을 제대로 탐구하겠다면 반드시 팀이 필요한데… 팀원들은 자기 분야의 전문가일뿐더러 이웃 학문 분야에 대해서도 빠짐없이 일정 수준의 지식과 함께 숙련된 지식을 지녀야 한다. 함께 일하는 습관을 들여야 하며, 각자의 학문적 접근 방식을 알고 있어야 하며, 동료의 새로운 제안에 대해, 비록 제대로 완성된 형태를 갖추기 전일지라도, 그 중요성을 알아챌 수 있어야 한다.

훗날 인공지능의 발전이 십여 년간 정체되는 'AI 겨울'*을 겪게 되지만, 1950년대는 실로 'AI의 봄'으로 불릴 만하다. 이 시기에 인공지

---

*AI에 대한 연구 가능성이 너무 과장되면서 한동안 인공지능 연구가 침체기에 빠졌던 1970년대 후반부 및 1990~2000년 시기

능의 견고한 기초가 닦였기 때문이다. 1950년 한 해만 해도 존 내시(John Nash)가 협력적 게임과 비협력적 게임을 구분하여 그 차이를 밝혀내고, 박사 논문으로 『비협력 게임』(Non-Cooperative Games)을 출간하며 내시 균형을 발표하는 등 중요한 업적들이 쏟아져 나왔다. 또한, 같은 해 앨런 튜링이 기계의 지능을 측정하는 방법으로 모방 게임(이미테이션 게임)을 제안하였고, MIT라는 마구간에서 탈출한 공학자이자 수학자인 클로드 섀넌(Claude Shannon)이 체스 게임을 분석하고 컴퓨터의 체스를 두는 방법을 설명하는 논문을 발표하였다. 섀넌은 자신의 논문에 대해 이렇게 이야기한다.

> 논문은 현대의 범용 컴퓨터를 위한 컴퓨팅 루틴, 즉 '프로그램'을 짜서 컴퓨터가 체스를 둘 수 있도록 만드는 문제를 다루고 있다. 그다지 실용적인 목적은 아니지만, 이론적으로 매우 흥미로운 주제인데, 만일 이 문제에 대해 만족스러운 해결책을 얻을 수 있다면, 이와 유사한 특성을 가진 훨씬 중요한 다른 문제들을 해결하는 데 하나의 돌파구가 될 것으로 기대한다.*

논문에서 밝힌 섀넌의 생각은 오늘날에도 AI 연구 분야의 많은 부분에서 핵심적인 역할을 하고 있다.

---

*C. Shannon, Programming a Computer for Playing Chess, Philosophical Magazine, Ser.7, 41, 314, March 1950, XXII.

2장 스포츠 분석가의 등장

1951년, 축구 역사에서 최초로 기록 체계 도입으로 간주되는 시스템이 등장한다. 영국 공군 장교 찰스 리프(Charles Reep) 중령이 취미 삼아 이를 개발한 것이다. 리프라는 인물은 축구라는 스포츠 역사의 경영 관리 측면에서 흔히 간과되는 경향이 있는데, 축구계의 혁신적인 선구자로 평가받아야 함에도 평생 급진적인 아웃사이더로 여겨지는 면을 가진 인물이다. 1950년 초, 축구계에서 리프의 출현은 마치 얼마 전 미국 메이저리그 구단주 빌리 빈(Billy Beane, 영화 머니볼의 실제 모델)*과 그 패거리의 등장을 미리 보여 준 것과 흡사한 면이 있다. 이는 리프가 '멋진 경기장'의 공공의 적으로 낙인이

---

*미국 프로야구 오클랜드 애슬레틱스 구단의 단장. 야구를 통계학적으로 분석하는 세이버메트릭스(sabermatrics)를 기초로 구단을 운영해, 2001년 이후 거의 매년 포스트 시즌에 진출시킨 것으로 유명하다. 이와 관련된 이야기는 2003년 『Moneyball』이라는 책으로 발간되었으며, 2011년 동명의 제목으로 영화화되었다.

찍혔기 때문인데, 실제로 브라이언 글랜빌이라는 축구 저널리스트는 리프를 '광신 교리를 신봉하는 사이비 교주'라고 깎아내렸고, 축구 전문가 마이클 헨더슨은 아주 냉정하게도 '축구를 망친 50인'* 중 1명으로 리프를 꼽았다.

하지만 리프는 결코 그렇게만 평가받을 인물이 아니다. 그는 축구 역사상 최초의 진정한 데이터 분석가로, 오늘날 축구 전문가라면 누구나, 특히 감독이나 코치들이 유용하게 쓸 수 있는 데이터를 만들어 내기 위해 심혈을 기울였던 인물이다. 스포츠 분석가라는 새로운 직업이 탄생한 순간의 이야기는 대체로 다음과 같다.

1950년 3월 18일 오후 3시 50분, 스윈던타운이 홈경기장에서 브리스톨로버스를 상대로 경기를 펼치고 있는데, 관중석에 있던 찰스 리프가 조용히 주머니에서 펜과 노트를 꺼내어 무언가를 적기 시작했다. 최초로 축구에 대한 종합적인 기록 분석 시스템이 만들어지는 순간이었다.**

1953년, 영국 축구 대표팀이 파죽지세의 헝가리 대표팀 손바닥에서 놀아난 웸블리 대참사 직후 리프는 울버햄프턴 감독이던 스탠 컬리스(Stan Cullis)와 조우했다. 컬리스는 리프가 브렌트포드에게 한 조언에 깊은 인상을 가지고 있었는데, 그로 인해서 브렌트포드는 이전 시즌에서 리그 강등 위기를 면할 수 있었기 때문이다. 컬리스

---

*50 People Who Fouled Up Football by Michael Henderson (2009; Constable & Robinson).
**Charles Reep(1904-2002): Pioneer of Notational and Performance Analysis in Football, Journal of Sports Sciences, 20, 2002, 853-5.

는 리프에게 자신이 '헝가리 축구 스타일'에 대한 과도한 관심을 끊어 내려 무진 애를 쓰고 있다면서 조언을 구했다. 그러면서 영국식인 '직접 후방에서 전방으로 연결하는 패스'(direct back to front passing) 스타일을 계속 유지하면서 헝가리식 정교한 패스 전술에 대해 제대로 배우고 싶다고 말했다.

실제로 컬리스는 리프의 다양한 분석 결과를 받아 전술을 세웠고, 이듬해 12월 헝가리 클럽팀 챔피언 혼베드 부다페스트(Honved Budapest)가 울버햄프튼을 방문했을 때 보란 듯이 꺾을 수 있었다. 더욱이 울버햄프튼은 경기 초반 2-0으로 뒤지다가 3-2로 역전승을 거두었다. 하지만 이번 승리는 데이터 분석의 결과라기보다 컬리스의 영리한 전술이 더 큰 영향을 미쳤을 가능성이 크다. 전해지는 이야기에 따르면, 컬리스는 하프 타임 동안 경기장 관계자에게 잔디에 물을 흠뻑 뿌리라고 지시했고, 덕분에 헝가리 팀의 빠르고 정교한 패스가 둔화되어 울버햄프턴이 후반전에 연달아 세 골을 넣을 수 있었다고 한다.

리프는 1년 후 공군에서 은퇴하고, 곧장 셰필드 웬즈데이에서 3년 동안 경기력 분석가로 활동하였다. 리프의 군 경력은 프로 축구계에서 보면 종종 하찮아 보였겠지만(지금도 그런 인식이 있지만), 군대는 리프가 방대한 데이터 세트를 바탕으로 그의 축구 이론을 정립할 수 있는 환경을 만들어 주었다. 리프는 군대의 축구 대표팀을 이끌기도 하면서 프로 축구의 속박에 매이지 않은 상태에서 각종 전술 실험을 할 수 있었기 때문이다. 다음은 리프의 사망 후 게재된 부고 기사의 일부이다.

> 리프는 영국에서 스포츠 관련 기록 시스템을 고안하여 활용한 최초의 인물이다. 1950년대에 그의 시도는 후속 연구보다 20년이나 앞선 것으로, 축구에서 선수들의 경기 동작을 기록하고 분석하는 데 크게 기여했다.*

리프는 그저 펜과 종이만 가지고 모두 2,000건이 넘는 경기에 대해 기록하고 분석하면서 몇 가지 '규칙'을 정립했는데, 그 중 하나가 '3패스 최적화 규칙'이다. 하지만 이 규칙은 이후 전통 스타일 축구를 선호하는 이들에게는 재앙이나 다름없을 정도로 너무 직선적인 스타일의 축구를 만든다는 비판을 받았다.

대부분 통계 분석에서 나타나는 문제점이 그렇기는 하지만, 결과로 도출된 통계 자료 그 자체보다는 그것의 해석과 적용 방식에서 여러 가지 문제점이 드러나곤 한다. 그런 점에서 리프에게 붙은 '공공의 적'이라는 별명은 지나치게 가혹한 면이 없지 않다.

1950년대 중반에 이르자 더욱 큰 진전이 이루어졌는데, 실제로 인공지능(AI)이라는 용어도 이 시기에 처음 등장한다. 존 매카시가 주도하면서 클로드 섀넌, 마빈 민스키(Marvin Minsky), 네이선 로체스

---

*Charles Reep(1904–2002): Pioneer of Notational and Performance Analysis in Football. Journal of Sports Sciences, 20, 2002, 853–5.

터(Nathan Rochester) 등이 보조한 다트머스 대학교 여름 컨퍼런스에서 인공지능(AI)이라는 용어가 처음 쓰였는데, 훗날 이 컨퍼런스는 인공지능을 별도의 연구 분야로 독립시킨 중요한 사건으로 인정받게 된다.

1950년대가 끝나갈 무렵 매카시는 다트머스 대학을 떠나 MIT의 민스키와 합류해 MIT 인공지능 연구소(AI Lab)를 설립한다. 1963년 MIT는 AI 연구소를 미국 국방부 후원 연구기관인 컴퓨터 과학 연구소(LCS)와 통합을 추진해 컴퓨터 과학 및 인공지능 연구소(CSAIL)로 확대 발전시키게 된다. 그렇게 탄생한 CSAIL*에서는 2021년 현재 약 천 명에 이르는 연구원이 연간 7천만 달러에 달하는 예산을 써가며 각종 연구를 진행하고 있다.

1950년대의 AI 발전 과정에서 언급할 만한 또 다른 인물로는 워런 매컬러(Warren McCulloch)와 월터 피츠(Walter Pitts) 같은 사이버네틱스 연구자들이 있다(1940년대에 '퍼셉트론'이라는 최초의 인공 뉴런 모델 도입에 기여함.). 그러나 인공지능 발전이라는 측면에서 더 중요한 기여를 한 인물로는 앨런 뉴웰(Allen Newell), 허버트 사이먼(Herbert Simon), 클리프 쇼(Cliff Shaw)를 꼽지 않을 수 없다. 이들은 1956년 RAND 재단에서 함께 '논리 이론가'(Logic Theorist)라는 컴퓨터 프로그램을 개발했다. 사이먼은 20세기를 대표하는 다재다능한 학자였으며, 뉴웰과 쇼는 이 프로그램을 만들 당시 프로그래밍과 코딩을 담당한 뛰어난 프로그램 전문가였다.

---

*https://www.csail.mit.edu/about/mission-history

논리 이론 프로그램은 원래 러셀과 화이트헤드의 명저 『수학의 원리』(Principia Mathematica)에 나오는 논리 표현을 증명하기 위해 개발된 프로그램으로, 많은 사람들이 최초의 AI 프로그램으로 평가하는 프로그램이다. 그런데 나중에 뉴웰과 사이먼이 노버트 위너의 사이버네틱스에서 제안된 피드백 원리를 중심으로 하여 이를 범용 문제 해결기(General Problem Solver)로 발전시킨 것이다. 흥미롭게도 뉴웰은 오스카 모겐스턴(Oskar Morgenstern)의 연구 조교로도 일한 경험이 있다. 이처럼 AI의 발전 과정에서는 인물들 간 연결고리가 끊임없이 이어지고 있다.

AI의 봄은 1960년대까지 계속되었고, 특히 AI와 스포츠의 관계에서는 더욱 그랬다. 1964년 언쇼 쿡(Earnshaw Cook)이 『확률 야구』(Percentage Baseball)*라는 저서를 출간했는데, 야구에 대해 수학적으로 분석한 내용을 담고 있었다. 어떤 의미에서 보면, 이 책은 '세이버메트릭스'(sabermetrics)라는 용어가 생기기도 전에 나온 최초의 세이버메트릭스 도서였다. 도서의 초판은 현재 뉴욕 쿠퍼스타운에 있는 미국 야구 명예의 전당 박물관에서 영구 소장품으로 소장 중이다. 쿡은 존스홉킨스 대학의 공학 교수로, 저서가 출간된 후 계산자를 뜻하는 '슬라이드 룰'(slide rule) 교수라는 별명을 얻게 된다. 쿡은 자신의 저서에 대한 바람을 이렇게 말했다.

---

*야구라는 스포츠에 있어 게임 이론과 통계학적 방법론을 도입함으로써 전통적인 야구 기록 체계에서 벗어나 실제 데이터를 통해 분석하려는 방법론

확률 야구 마니아를 위해 쓴 책으로, 대학 1학년 때 수학 과목에 대한 가물거리는 기억이라도 떠올리며 보기를 바란다. 다소간의 정신 건강을 위해 유도식과 계산 과정은 대부분 생략하고, 논의의 흐름을 방해하지 않는 선에서 별도의 표로 정리했다. 논점이 그다지 어렵지는 않지만, 야구라는 게임이 워낙 복잡한 게임이라서 읽기에 난해한 점들이 있을 것이다.*

쿡은 저서의 출발점이 커피 테이블에서 친구와 논쟁을 벌인 데에서 시작되었다며, 희생 번트의 가치가 있느냐 아니냐에 대한 논쟁이었다고 회상했다. 3년 간 연구 끝에 책이 나왔고, 60년이 지난 지금도 희생 번트의 가치를 둘러싼 논쟁은 계속되고 있다.

1964년 스포츠 일러스트레이티드지에서 쿡과 인터뷰를 하면서, 저명한 스포츠 저널리스트 프랭크 데포드는 쿡에 대해 이렇게 말했다.

쿡은 야구가 여전히 전통 방식으로 경기를 진행하면서 보다 실질적인 방식이 적용되지 못하는 점이 흥미롭다며…, 자신보다 먼저 이를 지적한 사람이 아무도 없었다는 사실에 놀라움을 표했다.

하지만 모든 사람이 쿡의 분석에 매료된 것은 아니었다. 세이버메트릭스의 대가로 알려진 빌 제임스는 1981년 자신의 저서 『야구

---

*E. Cook, Percentage Baseball, MIT Press, Foreword, 1964.

의 정수』(Baseball Abstract)에서 쿡을 이렇게 언급했다.

쿡은 통계에 대해서는 박식했을지 모르지만, 야구는 하나도 모르는 사람이었다. 그래서 그가 말하는 답은 하나도 맞지 않았고, 방법도 전혀 쓸모가 없었다.

빌 제임스는 세이버메트릭스를 '야구에 대해 객관적 지식을 찾는 과정'이라고 정의했다. 흔히 쿡과 제임스로 상징되는 엇갈린 견해는 한쪽에서는 숫자만 강조하고 다른 쪽에서는 경험만 중시하는 양극단의 입장으로, 양쪽 거리는 멀어도 한참 먼 것이었다. 그럼에도 이 논쟁은 과학자(데이터 기반 접근)와 특정 분야 전문가(경험 중심 접근) 사이에 끊임없이 벌어지는 갈등을 상징하는 사례로 볼 수 있다.

사이버네틱스 연구의 개입

스포츠 분야에서 사이버네틱스가 본격 적용되기 시작한 전환점은 1965년 '사이버네틱스와 스포츠'라는 주제로 창립된(주최 측의 희망 사항이긴 하지만) 소련 학술대회에서였다. 구 소련의 모스크바에 있는 소비에트 사회 레닌 체육 연구소에서 개최된 학술대회였다. 대회의 취지는 가능한 한 여러 과학 분야 전문가를 초청하여 학술대회에 참석하게 만드는 것으로, 이는 전후 프린스턴 대학이나 MIT, 하버드 대학, RAND 재단 등의 엘리트 집단을 통해 확인된

인지 다양성*의 정신을 표방하고 있었다. 그런 의미에서 학술대회는 상대적으로 최근에 출현한 공산주의 국가인 소련의 체제 선전용 의도도 들어 있었다. 다만 주제만 가지고 본다면, 스포츠 활동 관리에 따른 수학적 분석의 적용에 방점을 두고 있었다. 학술대회의 주요 주제는 다음과 같았다.

- 근육 운동 중 생리적 과정에 대한 연구 및 수학적 모델링
- 운동선수의 신체 상태 시뮬레이션(체력 평가)
- 훈련 과정의 모델링
- 스포츠 활동의 시뮬레이션
- 스포츠 활동 수행 과정에 있어 데이터 수집 방법 및 처리 방법

학술대회는 700명 이상의 인원이 참석하였고, 몇몇 유용한 논문이 발표되어 전반적으로 성공을 거두었다.

제2차 학술대회는 1968년 개최되었고, 참석 인원은 100여 명을 조금 넘는 수준으로 줄었지만, 여전히 27개 도시에서 39개 분야별 대표가 참가했으며, 38편의 논문이 다음과 같은 주제로 발표되었다.

- 스포츠 분야에서 컴퓨터 활용의 일반적 이론 측면
- 스포츠 분야 연구 결과에서의 다변량 통계 분석
- 생의학 문제 해결에서의 컴퓨터 활용

---

*각기 다른 사고방식과 다양한 경험을 가진 사람들이 모이면 문제 해결 능력이 보다 향상된다는 개념의 학술 용어

회의 자체는 주최측의 기대에 못 미쳤지만, 그럼에도 학술대회는 스포츠 이론과 스포츠의 수행 양쪽에서 과학적 연구를 통한 '수학화'(mathematization) 노력이 중요하다는 점을 지속적으로 증명해 주었다. 두 대회 모두 논문이 러시아어로 발표되었기 때문에 기대만큼 주목을 끌지 못했을 가능성은 있다. 하지만 대회에서 가장 흥미로운 합의는 다음과 같은 것이다.

체육 교사와 코치의 역할을 사이버네틱스라는 수단으로 완전히 대체하는 것은 불가능함.*

어느 정도 소련 당국의 과장은 있었겠지만, 실은 러시아 과학계에서도 서구에서 진전되는 사이버네틱스의 발전에 보조를 맞추어 인간과 기계 양쪽 모두에서 피드백 과정이 중요하다는 점을 놓고 강한 관심을 보이고 있었다. 예를 들어, 19세기 수학자 이반 비슈네그라드스키(Ivan Vyshnegradsky)는 기본적으로 피드백에 의존하는 자율 제어 시스템 이론을 제기한 바 있다.

비슷한 맥락에서 1920~30년대 이반 파블로프(Ivan Pavlov)의 자율 반사 신경 연구는 노버트 위너에게 많은 영향을 미친 것으로 알려져 있다. 위너의 제자인 스태퍼드 비어(Stafford Beer)는 자신의 시스템 이론 연구**에서 인간 신경계에서의 피드백 중심성을 더욱 정교

---

*Egor A.Timme, Alexander A. Dayal, and Yuri A. Kukushkin, History of Cybernetics in Sports in the USSR Models Released in the 1960s, 2020, History of Cybernetics in Sports in the USSR.pdf
**S. Beer, Brain of the Firm, Wiley, 1972

하게 설명했다. 어쨌든 이 모든 연구는 사이버네틱스의 핵심 원리인 피드백을 통한 제어 구현에 필요한 선행 조건들이었다.

모스크바 대학에서 사이버네틱스 연속 세미나가 시작된 시기는 1955~1956년이었지만, 소련 과학계에서 사이버네틱스가 주요 학문으로 자리를 굳힌 것은 1968년 위너의 책이 러시아어로 출간된 후부터이다. 이로써 1950년대에 인간 대 기계의 상징적 대결로 알려지며 격렬하게 격돌했던 파블로프 반사 이론 추종자와 소련의 '사이버네틱스 생리학자' 사이의 논쟁은 결국 사이버네틱스 측의 승리로 끝난 듯 보였다.

1957년, 소련에서 설립된 초기의 사이버네틱스 연구소 가운데 하나인 우크라이나의 드니프로페트로프스크(현재의 드니프로페트로우스크) 운동과학 연구소(Dnipropetrovsk Institute of Physical science)는 이번 논쟁 승리의 수혜자 중 하나였다. 우연이었지만, 1968년 무렵 연구소 부근 지역을 연고로 둔 드니프로 축구팀에서 뛰던 우크라이나 선수가 팀에서 코치로 새로운 길을 걷기 시작했다. 발레리 로바놉스키(Valerij Lobanovskyj)라는 인물이었다. 학생 시절 수학에 남다른 재능을 보였던 로바놉스키는 연구소에서 진행하는 연구에 큰 흥미를 느끼고 있었다. 로바놉스키는 연구소장인 아나톨리 젤렌초프(Anatolij Zelentsov)를 찾아갔고, 두 사람은 바로 친구가 되었다.

스포츠 코치의 관점에서 볼 때 사이버네틱스가 중요한 이유는 축구와 같은 게임에서 복잡성을 이해하는 데 있어 사이버네틱스가 확실한 학문적 기반을 제공하기 때문이다. 사실 여전히 많은 사람이 축구 같은 운동을 완벽하게 분석하는 건 불가능하다고 주장한다. 하지만 위너의 설명에 따르면, 어떤 시스템이든 적절히 제어할 수 있고 의사소통이 가능하다면 효율적으로 작동시킬 수 있기 때문에, 바로 이 지점에 대해 로바놉스키와 젤렌초프는 강력한 공감대를 형성하게 되었다. 두 사람은 곧 환상적인 팀을 이루었고, 사이버네틱스의 원리에 기초하여 축구에 대한 과학적 접근법을 도입하기로 뜻을 모았다. 로바놉스키는 기존의 시스템 이론을 받아들이면서, 어떤 시스템(팀)이 다른 시스템(상대 팀)을 제어하려면 주어진 환경(게임)에서 나타나는 복잡한 조건을 상대방보다 잘 제어할 수 있어야 한다고 믿고, 이때 제어의 핵심은 바로 의사소통과 피드백이라고 보았다.

로바놉스키와 젤렌초프는 『훈련 모델 개발의 방법론적 기초』(The Methodological Basis of the Development of Training Models)라는 논문에서 이를 자세히 설명했다.

제일 먼저 염두에 두어야 하는 건 상대가 우리의 경기 스타일에 적응하지 못하도록 끊임없이 새로운 전략을 모색하는 것이다. 만약 상대가 우리 스타일에 적응하여 대응 전략을 찾아낸다면, 우리는 다시 새로운 전략을 찾아내고 적용해야 한다. 이것이 대립하는 두 세력이 상호 작용하며 끊임없이 발전을 모색하는 게임의 변증

법이다. 따라서 그런 식으로 계속 밀고 가면서 다양한 공격 옵션을 써서 상대방이 실수를 하도록 압박해야 한다. 다시 말해, 우리가 원하는 조건 안으로 상대방을 밀어 넣어야 한다는 것이다. 그렇게 하는 가장 좋은 방법 중 하나는 놀 수 있는 공간의 크기를 변경하는 것이다.

두 사람은 곧바로 드니프로 축구팀에서 자신들의 이론을 확인하는 작업에 착수했고, 금세 성공의 결실을 거둘 수 있었다(물론 당시 드니프로 축구팀이 우승 트로피를 딴 것은 아니지만). 로바놉스키가 젤렌초프에게 질문을 던지면 젤렌초프가 답을 찾고, 그렇게 얻은 답을 가지고 혁신적인 모델을 만들어 내는 식이었다. 그 결과 드니프로 축구팀은 소련 축구 리그에서 3년 연속 새로운 아이디어 창출의 선봉장 역할을 맡았다.

1973년, 로바놉스키는 디나모키예프(현 디나모키이우) 구단으로 자리를 옮겨 그의 생애에서 가장 위대한 성공을 거두게 된다. 로바놉스키와 젤렌초프는 키에프(현재의 키이우)에서 자신들만의 아이디어를 쏟아내는 것에 그치지 않고, 최첨단 연구 시설을 세워 이론을 직접 구현할 수 있었다. 경쟁력이 보이면 아무리 소소한 세부 사항일지라도 간과하지 않았다. 젤렌초프는 심지어 자신들이 키에프 지역 극장을 방문한 우크라이나 예술감독 게오르기 토프스토노고프를 찾아가 "미래 공연 예술이 어떻게 '모델링' 되는지"를 살펴보기까지 했다고 말했다.*

그들은 또한 꿀벌들의 비행 패턴을 연구하고 모방하기도 했다. 이 에피소드에 관해 젤렌초프는 이렇게 이야기한다.

> 꿀벌들이 어떻게 나는지 본 적이 있나요? 벌집이 공중에 떠 있고, 한 마리가 리더에요. 리더가 오른쪽으로 돌면 벌집 전체가 오른쪽으로 돌고, 리더가 왼쪽으로 돌면 벌집 전체가 왼쪽으로 돌죠. 축구도 마찬가지죠. 리더가 예를 들어 이쪽으로 움직이기로 결정하고 그렇게 말하면, 나머지 선수는 리더를 따라 움직임을 조정해 나가야 하죠…. 어느 팀이나 함께 움직이기가 좋은 선수가 있는가 하면, 그런 움직임을 잘 무너뜨리는 선수가 있기 마련이죠. 전자의 경우는 경기장에서 창의적인 역할을 맡고, 후자의 경우는 상대 팀의 움직임을 깨는 역할을 맡아야 해요.*

축구 코치라면 누구든 꿀벌들의 행동과 상대팀이나 공을 처음으로 상대하는 자기 팀 첫 번째 선수의 행동의 연관성을 이해할 것이다. 바로 그 선수의 행동에 따라 나머지 동료들의 움직임이 연쇄적으로 유발되기 때문이다. 로바놉스키는 종종 '철의 장막 속 빌리 빈'으로 묘사되곤 한다. 하지만 어쩌면 빌리 빈은 그보다는 자신을 오클랜드의 로바놉스키라고 하는 게 더 어울린다는 데 기꺼이 동의할 것이다.

---

*http://www.komkon.org/~ps/DK/zelen.html

겨울이 닥치다

로바놉스키가 드니프로 축구팀에서 코치로 부임한 직후, 마빈 민스키와 시모어 페퍼트(Seymour Papert)는 『퍼셉트론』(Perceptrons)이라는 책을 출간하며 퍼셉트론 기반 체제의 한계점을 신랄하게 비판한 바 있다. 논란의 여지가 있지만, 이 책에서 소개된 일부 견해는 제1차 'AI 겨울'을 초래하게 된다. AI 겨울이란 AI 연구자금이 바짝 고갈되고, 연관된 인공 신경망 연구에 대한 투자가 사실상 중단되어 버린 시기를 의미한다. 이 연구들이 어느 정도 수준으로 다시 회복되기까지는 10년이라는 세월이 더 흘러야 했다.

민스키와 페퍼트의 책이 나오기 이전 상황을 살펴보면, 미국의 심리학자 프랭크 로젠블랫(Frank Rosenblatt)은 미 해군 연구청으로부터 막대한 자금을 지원받아 그 결과물로 퍼셉트론 알고리즘을 개발했다. 로지스틱 선형회귀와 흡사한 형태의 알고리즘이었다. 첫 연구 결과는 큰 기대를 모았는데, 알고리즘을 최초로 하드웨어로 구현한 것으로, '마크 I 퍼셉트론'(Mark I Perceptron)으로 불리는 기계 장치였는데, 이 기계의 학습 능력이 입증되었기 때문이다.

이에 따라 잔뜩 부풀려진 기대감이 고조되면서 뉴욕 타임스마저 로젠블랫의 연구를 이렇게 보도할 정도였다.

> 퍼셉트론이라는 전자식 컴퓨터의 맹아를 공개적으로 확인시킨 것이며, 1년쯤 지나 완성이 된다면, "인간이 훈련시키거나 제어할

필요 없이 스스로 주변을 인식 내지 인지하고, 식별하는 최초의 무생물 매커니즘이 될 것"으로 기대된다. 또한, 퍼셉트론은 조만간 체스 같은 게임에서 인간을 능가하고, 이미지를 식별할 수 있고, 심지어 스스로 복제까지 가능할 것이다. *

그러나 마크 I 퍼셉트론은 다양한 패턴 인식 작업에서 명확한 한계에 직면했고, 이는 민스키와 페퍼트가 그들의 저서에서 비판했던 비효율성 문제의 하나였다.

'AI 겨울'이란 초기 AI 프로그램 발전에 큰 기대를 걸었다가, 그 기대가 지나치게 과장된 것으로 판명되면서 역작용이 일어나 낙관론자들이 실망하고 오히려 연구 자체가 크게 위축된 시기를 일컫는다. 처음 호시절에는 연구자금을 쉽게 확보할 수 있었으나, 시간이 지나면서 자금 신청과 사용 과정이 철저한 검토와 감시를 받게 되었다. 이로 인해 AI 연구는 애초의 비현실적인 낙관주의만큼이나 비현실적인 비관주의로 빠지게 되었다. 일반적으로 20세기 마지막 30년 동안 두 번의 AI 겨울이 닥친 것으로 알려져 있다. 하지만 두 차례라는 것은 대부분 동의하지만 그 기간을 꼭 짚어 말하기는 어렵다. 첫 번째 AI 겨울은 대충 1970년대였고, 두 번째 AI 겨울은 1990년대에 나타났으며, 1980년대는 대체로 AI의 봄에 가까웠다.

솔직히 말해서, AI 겨울이 다가오기 전에 보였던 과도한 기대감(또는 지나치게 낙관적인 예측)은 연구 진행자의 입장에서는 나름대로

---

*New York Times, 13 July 1958.

어떤 난관을 극복할 때 보일 수 있는 지극히 자연스러운 반응이라고 할 수 있다. 그런 의미에서 마빈 민스키와 같이 예리한 연구자도 1970년 무렵 "앞으로 3년에서 8년 내에 인간의 평균 지능을 가진 기계를 만들어 낼 수 있을 것"*이라고 한 적이 있다. 당시 민스키나 존 매카시가 이끄는 AI 프로젝트 연구팀은 200만 달러 이상의 정부 지원금(2021년 가치로 환산하면 약 1500만 달러)을 받고 있었다.

마찬가지로, 1960년대 내내 미국 국방고등연구계획국(DARPA)은 수백만 달러에 달하는 막대한 자금을 AI 연구에 지원했으며, 이러한 투자에 대해 딱히 어떤 반대 급부도 고려하지 않는 것 같았다. 모두들 '자, 여기 눈먼 돈이 있으니 가져가는 사람이 임자'라는 주문에 걸린 듯한 분위기였다. 어쩌면 초기 AI 연구 단계에서는 이와 같은 재정적 지원에 대한 성과 지표가 없는 편이 차라리 더 나았을지도 모르겠다.

1970년대 중반에 이르자 초기의 낙관론이 너무 비현실적이었으며, 적어도 섣부른 생각이었음이 분명하게 드러났다. 예를 들어, 국방고등연구계획국은 카네기멜런 대학에서 개발하던 음성 이해 연구(SUR) 프로그램의 더딘 진척에 분노를 감추지 않았고, 이는 학계의 AI 연구에 대한 자금 지원을 대폭 축소하는 또 다른 계기가 되었다.

대서양 반대편에서도 AI 연구에 대한 비현실적인 낙관론의 결과로, 영국 정부가 미래 AI 연구 개발 가능성을 평가하는 보고서를 작성하도록 지시했는데, 보고서 내용은 매우 비판적이었다. 후

---

*민스키는 자신의 말이 잘못 인용된 것이라고 주장했다.

에 '라이트힐 보고서'(Lighthill Report)*로 알려진 이 문서는 영국 정부가 단 두 개의 대학만 빼고 나머지 모든 대학에서 AI 연구 지원을 중단하도록 결정하는 데 큰 영향을 미쳤다. 이 보고서는 나중에 존 매카시가 관련 비평**을 통해 혹독하게 비판하게 된다.

이와 같은 상반된 입장의 유불리와는 무관하게, 신기술에서 이러한 주기적 흥망성쇠는 그리 드문 일도 아니며, 어쩌면 그저 불운의 결과일 수도 있다. 예를 들어, 조랑말을 활용한 획기적인 속달 우편 배달 서비스인 포니 익스프레스(Pony Express) 사업은 불과 18개월 만에 사라졌는데, 이는 사업 개시 직후 전신 기술이 등장하면서 상황이 퇴출될 수밖에 없었기 때문이다. 초기 컴퓨터의 저장 매체였던 마이크로피시는 플로피 디스크로 대체되었고, 블록버스터 영화를 공급하던 비디오 대여 사업은 스트리밍 서비스로 대체되었다.

현대 기술은 발전 속도가 워낙 빨라 아예 스타트업 초기 단계부터 어느 정도 손실을 감내하는 게 일반적인 상황이 되었으며, 투자자도 장기적인 수익을 기대하며 그렇게 하고 있다. 아마존, ESPN, 테슬라 같은 기업도 수익으로 전환되기까지 (아무리 보수적으로 따진다 해도) 최소 5년에서 10년 정도가 걸렸다. 최근 이루어진 발전(이 책 후반에서 자세히 다룬다.)과 그러한 발전에 발맞추어 가는 투자의 흐름은 어쩌면 AI의 미래가 유망하다는 신호일 수 있으며, 특히 스포츠 산업에서 AI의 가능성이 더욱 밝다는 뜻인지도 모른다.

---

*"Artificial Intelligence: A General Survey" by Professor Sir James Lighthill, FRS, in Artificial Intelligence: A Paper Symposium, Science Research Council 1973.

**Review of "Artificial Intelligence: A General Survey"(The Lighthill Report) by John McCarthy, Computer Science Department, Stanford University, Stanford, CA.

3장 세이버메트릭스, 머니볼, 그리고 AI

스포츠는 대체로 진전된 기술을 수용하는 데 있어 뒤처지는 경향이 있다. 그래서인지 아쉽게도 미국야구연구회(SABR)가 출범한 시기는 때마침 AI 연구가 첫 번째 'AI 겨울'에 접어들던 1971년이었다. SABR는 로버트(밥) 데이비즈(Robert 'Bob' Davids)의 아이디어에서 비롯되었기에, 그는 동료 연구자들과 함께 뉴욕주 쿠퍼스타운에 있는 미국 야구 명예의 전당에 모여서 연구회를 창립하게 되었다. 연구회의 창립 모임은 1971년 명예의 전당 헌액식과 동시에 열렸고, 이후 '쿠퍼스타운 16인'으로 알려지게 된 멤버들이 모여서 개최되었다.

그 후 몇 년 간 SABR의 회원 수는 5,000명 이상으로 증가했고, 연구회 산하에는 야구의 특정 영역을 연구하는 세부 모임이 20개 이상 결성되었다. 그 중 하나가 바로 오늘날 세이버메트릭스로 알려진 모임이었다. 세이버메트릭스라는 용어는 빌 제임스가 처음 만들어 낸 것으로, 그는 이후 통계와 분석을 통한 야구 연구의 선구자로 등극한다. 1985년, 빌 제임스는 그의 기념비적인 저서 『야구의 정수』를 로버트 데이비즈에게 헌정하며 "야구 연구에 있어 누구보다도 큰 공헌을 한 인물에게"라는 문구를 남겼다.

야구에서 시작된 통계 분석 기법은 점차 다른 스포츠 종목으로 확산되며 유사한 방법이 도입되는 계기가 되었다. 그러나 빌 제임스의 진정한 공헌은 단순히 그의 분석이 우수했다거나 그의 특별한 통계적 기법 때문만은 아니었다. 사실 제임스의 가장 큰 업적은 그의 저서 『야구의 정수』에서 활용한 독창적인 서술 방식이다. 예를 들어, 소제목마다 ("희생 번트의 가치는 얼마나 되는가?" 같은) 질문을 던지며 글을 시작한 뒤, 다시 설명을 위해 상세한 데이터를 나열하면서, 자신이 정답으로 생각하는 결론과 거기에 이르는 과정을 진술해 나갔던 것이다. 하지만 제임스도 처음에는 『야구의 정수』를 자비로 출판해야 했는데, 그 어떤 출판사도 그의 원고를 개인적인 생각으로 치부할 뿐 시장성이 없다고 판단했기 때문이다. 그러나 결과적으로 제임스는 이후 전 스포츠 분야에 걸쳐 분석 혁명을 촉발한 인물로 추앙받게 된다.

이처럼 빌 제임스가 '세이버메트릭스'라는 용어를 만들어 내며 스포츠 연구를 시작하고 있을 무렵, 다행히 첫 번째 AI 겨울은 끝났고, AI 혁명이 비교적 안정기로 접어드는 동안 스포츠 분석과 관련하여 또 다른 중요한 도서가 출간된다. 1984년, 존 손(John Thorn), 피트 팔머(Pete Palmer), 데이비드 루터(David Reuther)가 쓴 『보이지 않는 게임, 야구』(The hidden Game of Baseball)라는 책이었다. 손은 자기 책을 이렇게 말한다.

보이지 않는 게임이란 통계를 가지고 진행되는 게임이란 의미이다. 이는 이와 같은 게임에 대해 우리가 왜 유심히 관찰해야 하는지, 우리가 관찰하고 있다고 생각하는 건 무엇이고, 실제로 무엇을 관찰하는지, 그리고 무엇보다 중요한 건 그러한 관찰이 무엇을 의미하는지에 대해 많은 중요한 질문을 던지게 만든다.

빌 제임스의 책과 마찬가지로, 이 책이 가진 진정한 가치는 완전무결한 통계 분석 같은 것이 아니라, 모든 스포츠를 둘러싸고 있는, 솔직히 말하면 인간 활동 전반에 걸친 기존 관념을 샅샅이 살피고 과감하게 도전을 하는 데 있다. 저자들의 관점은 기존의 타점(RBI: runs batted in)이나 승리 투수, 홈런 타자에 대한 정보에서 벗어나, 게임의 궁극적인 목표인 '어떻게 하면 승리할까'에 더 초점을 둔 통계화된 수행 지표인 메트릭스로 옮겨간 것이다. 이러한 기존 관념에

---

*The Hidden Game of Baseball, 2015 by John Thorn, Our Game (mlblogs.com).

도전하자면, 당연히 분석이 따라야 하고, 분석에는 반드시 데이터가 필요하다.

1980년대는 투자라는 측면에서 본다면 어쩌면 'AI의 봄'에 해당하는 시기였다. 나름대로 분위기를 파악한 기업과 기관들은 전문가 시스템(expert systems)에 대한 투자가 합리적이라고 판단했다. 전문가 시스템은 특정 지식 영역에서 논리적 규칙을 활용하여 문제를 해결해 내도록 고안된 프로그램을 말한다. 그 방법은 어떤 영역의 전문가가 가진 지식을 통으로 이전받고, 프로그래밍 원리를 통해 그 지식을 구조화한다는 것이다. 일본 정부가 먼저 나서서 거금 25억 달러(현재 가치)를 들여 다음과 같은 프로젝트에 착수했다.

> 인간처럼 대화하고, 언어를 번역하며, 이미지를 해석할 수 있고, 심지어 사고할 수 있는 프로그램 작성 및 기계 개발 프로젝트*

같은 시기에, 존 홉필드(John Hopfield)는 홉필드 네트워크라고 부르는, 일종의 순환 신경망을 개발하고 있었다. 홉필드 네트워크는 일전에 등장한 퍼셉트론과는 전혀 다른 방식으로 정보를 학습하고 처리할 수 있었다. 한편, 제프리 힌턴(Geoffrey Hinton)과 데이비드 루멜하트(David Rumelhart)도 역전파 알고리즘(backpropagation algorithm)으로 알려지는 연구를 진행하고 있었다. 홉필드 네트워크와 역전파

---
*Pamela McCorduck, Machines Who Think (2nd ed.), Natick, MA: A. K. Peters, Ltd., 2004.

알고리즘의 개발 방식은 인공 신경망 연구 분야로 사람들의 관심을 돌려 놓으며 투자를 촉진하는 계기가 된다. 여담이지만, 2019년 '딥러닝의 대부'로 불리는 힌턴 교수가 혼다상*을 수상하는데, 수상 사유에는 힌턴 교수가 '역전파 알고리즘 발명에 기여하여'라는 내용이 기재되어 있어, 사실과 다르다는 비판을 받았다. 이에 대해 힌턴은 다음과 같은 말로 그 사실을 인정하였다.

언론에서 제가 역전파 알고리즘을 발명했다고 말한 걸 보았는데, 완전히 잘못된 내용입니다. 학자로서 자신이 수행한 일에 대해 과도하게 공로를 인정받았다고 느끼며, 이는 매우 드문 경우라고 생각합니다!**

다시 닥친 겨울과 게임 프로그램의 개발

1980년대가 끝나갈 무렵, 세계 과학과 축구 대회(WCSF: World Congress of Science and Football)가 처음으로 개최되었다. 과학자, 연구자, 실무자들이 한자리에 모여 축구에 대한 분석을 통해 얻은 지식을 생체역학, 코칭, 운동 생리학, 퍼포먼스 프로파일링, 심리학, 스포츠 의학, 훈련 등 다양한 분야에 전파하려는 목적으로 열린 회의였다. 하지만 바로 그 시기에 두 번째 AI 겨울의 냉기가 몰려오기

---

*혼다상(Honda Prize)은 에코 테크놀로지(eco-technology)의 관점에서 차세대 AI를 발전시키기 위해 새로운 지식을 창출하는 개인이나 단체의 업적을 기리기 위해 일본의 혼다재단에서 매년 수여하는 상이다.

**https://medium.com/syncedreview/who-invented-backpropagation-hinton-says-he-didnt-but-his-work-made-it-popular-e0854504d6dl

시작했다. AI 개발 전용 컴퓨터인 LISP* 머신을 비롯한 AI 특화 하드웨어 시장이 점차 위축되더니 결국 대부분 사라지고 말았다. 만일 AI가 현실 세계 문제를 해결할 유용한 대안이 아니라는 점이 분명해진다면, 그런 해결책이 되지 못하는 솔루션 개발에 필요한 전문 하드웨어가 과연 무슨 소용이 있을까라는 의문이 제기되기 시작했다.

설상가상으로 이 시기에 IBM사와 애플사가 저가의 데스크톱 컴퓨터를 대량 생산하기 시작한 것도 상황을 더욱 어렵게 만들었다. LISP는 마치 19세기의 조랑말 우편 시스템처럼 보였고, 데스크톱 PC는 이를 대체하는 전신기처럼 보였다. 전문가 시스템은 여전히 유용했지만, 극히 제한된 범위에서만 적용할 수 있었고, 수익성 있는 비즈니스 모델과는 거리가 멀었다. 1993년까지 300개 이상의 AI 전문 기업이 사라졌고, 더불어서 15억 달러(현재 가치) 규모의 시장이 증발하고 말았다.

대부분의 하이테크 산업이 그런 것처럼, AI 겨울은 세 가지 단순한 문제가 얽혀서 어려움을 더욱 가중시켰다. 이론의 급속한 발전을 따라잡을 만큼 충분한 처리 능력이 부족했고, 인간 수준의 지능을 구현하겠다는 약속이 지켜지지 않았으며, 앞의 두 가지 문제 때문에 연구 자금 지원이 줄면서 연구 속도가 둔화되었기 때문이다. 그러나 대부분의 기술 발전 주기가 그렇듯이, 겨울 눈은 이미 녹기 시작했고, 새봄이 다가오고 있었다.

---

*초기 인공지능 연구에 많이 활용된 함수형 프로그래밍 언어의 한 종류

그럼에도 불구하고 혹독한 겨울 추위 속에서도 IBM의 게리 테사우로(Gerry Tesauro)가 1992년에 TD-개먼(Gammon)이라는 프로그램을 개발하는 등의 지속적인 진전이 이루어졌다. 프로그램은 백개먼(Backgammon)*이라는 보드게임에서 인간 수준의 플레이를 구현할 수 있었다. 이 프로그램은 지식 없는 학습(knowledge free-learning)을 처음으로 실현한 사례로, 인간의 전문 지식을 학습 시스템에 명시적으로 입력하는 단계를 최소화하거나 이상적으로는 전혀 입력하지 않고도 학습이 가능함을 보여주었다. TD-개먼 프로그램에서는 신경망과 '시간차 학습'(temporal difference learning) 기법을 결합하여 이를 구현했는데, 시간차 학습이란 연속적인 학습자의 예측 값 간의 시차를 적절히 활용하는 기법으로, 과거에 학습된 지식을 통해 스스로 파악해 가며 빠르게 학습하는 기술이다. 이 방법은 다양한 게임 프로그램에서 전문가 수준의 전략을 훈련하는 데 있어 효과적임이 증명되었다.

어쨌든 테사우로의 업적은 진짜 체스 게임기 개발이라는 궁극적인 목표를 향해 가는 여정에서 중요한 발걸음이었다. 여기서 1952년으로 잠깐 거슬러 올라가면, 아서 새뮤얼(Arthur Samuel)이 인간의 지능이라는 고차원 문제를 이해하는 데 있어 게임의 역할이 중요함을 IBM이 깨닫게 만드는 계기를 마련한다. 바로 IBM 701 컴퓨터를 개발하며 아주 기초적이면서도 매우 효과적인 체커 게임 프로그램을 고안한 것이다. 그렇게 1955년 사무엘의 첫 학습 프로그

---

*미국과 유럽에서 전통적으로 해오던 백개먼(backgammon)은 두 사람이 진행하는 전략형 보드게임으로, 주사위와 말판을 이용하는 게임이다.

램이 완성되었다.

두 가지 다 휴리스틱 탐색 방법(heuristic search methods)을 사용한 초창기 사례였기 때문에 체스 게임 프로그램 개발을 향해 가는 여정에서 중요한 걸음이었다. 휴리스틱 탐색 방법이란 게임을 진행하며 마주치는 다양한 조건이나 '상태'에 값을 할당하는 이른바 휴리스틱 함수를 활용하는 방식으로, 추후에 TD-개먼 프로그램에서처럼 시간차 학습에 기반한 알고리즘 개발에 중요한 역할을 한다.

테사우로가 1992년 백개먼 게임으로 돌파구를 마련하자, 체스 게임이 다시 중앙 무대로 돌아왔다. 1997년, IBM의 체스 게임 프로그램인 딥블루(Deep Blue) II가 현역 인간 세계 챔피언인 가리 카스파로프를 꺾고 거둔 승리는 1980년대 내내 IBM의 뒤편에서 가열차게 시작된 연구 작업의 정점을 찍었다. 원래 이 연구 작업의 기원은 칩테스트(ChipTest)와 딥소우트(Deep Thought)라는 두 가지 프로그램까지 거슬러 올라가는데, 둘 다 카네기멜론 대학에서 시작된 연구였다. 딥소우트는 1988년 국제 체스 연맹에 속한 그랜드마스터를 처음으로 무찌른 컴퓨터 체스기이다.

같은 해 하반기에 딥소우트 팀 일부는 IBM의 T.J. 왓슨 연구소로 이적하여 딥소우트 II(Deep Thought II) 연구를 계속했고, 이는 초기의 딥블루 프로그램으로 변신한다. 초기의 딥블루는 토너먼트 방식으로 6게임에 출전했는데, 가리 카스파로프와의 대결에서는 4 대 2로 패했다. 가스파로프에게 패배한 후 팀은 설계도부터 다시 정비했고, 1997년 5월의 재대결에서 딥블루 II가 카스파로프를 3.5 대 2.5로 무찔렀다(딥블루 II 2승, 카스파로프 1승, 나머지는 무승부).

200년 전에는 자동 체스 기계인 터크가 전 세계의 체스 선수들을 속임수로 이겼지만, 이번에는 딥블루 II가 진짜로 승리를 거둔 것이다. 카스파로프가 딥블루 II에게 패하기 정확히 50년 전, 노버트 위너는 그의 저서 『사이버네틱스』에서 마치 지나가는 투로 이렇게 언급한 적이 있다.

이번 장(제 8장)에서 다루고 싶은 질문이 하나 있다. 물론 이 장에서 논의하려는 핵심 주제는 아니다. 하지만 과연 자동 체스 기계를 제작하는 게 가능할까라는 의구심이다. 또한, 이 같은 기계의 능력이 기계의 잠재력과 인간 정신 사이의 본질적인 차이를 밝힐 수 있는지에 대한 의문이다.

그리고 위너는 다음과 같이 결론을 내렸다.

그 기계는 그저 규칙에 따라 체스를 두는 수준은 넘어설 것이기에 실력이 아주 형편없거나 터무니없지는 않을 것이다…. 어쩌면 부주의하거나 실력이 떨어지는 체스 선수들에게는 쉽게 승리를 거두겠지만, 고수급에 도달한 신중한 선수들에게는 패배할 가능성이 높다. 다시 말해, 대다수의 인간 선수와 비슷한 수준의 실력을 가

진 체스 기계가 될 가능성이 크다. 물론 이것이 마엘젤(Maelzel)의 속임수 체스 기계(폰 켐펠렌의 터크 인형) 수준에 도달한다는 의미는 아니지만, 그럼에도 꽤 괜찮은 수준의 기량을 갖출 것은 분명하다.*

위너는 당시 그런 기계를 제작할 수 있는 인간의 능력을 과소평가했을지도 모른다. 하지만 50년은 매우 긴 시간이고, 인간 자체가 믿기 어려울 만큼 경이로운 기계이기도 하다. 딥블루가 가리 카스파로프를 물리친 바로 그 해에 최초의 '로보컵' 축구 경기가 열렸고, 이제 궁극적인 목표는 2050년까지 인간 세계의 축구팀 챔피언을 이길 수 있는 로봇 팀을 만드는 것이다. 터무니없는 이야기일까? 어쩌면 가능할 것이다.

머니볼의 영향

TD-개먼 프로그램이 두 번째 AI 겨울에서 벗어나는 신호탄이었다면, 2003년 『머니볼: 불공정 게임에서 승리하는 법』의 출간은 스포츠 분석 관련 통계와 AI 분야에서 찬란한 여름으로의 계절 변환을 알리는 계기가 되었다. 머니볼은 이전 같으면 괴짜들만의 세상이던 수의 세계를 일반 대중에게 활짝 열어놓았다. 책과 영화(2011년 개봉)가 AI 자체를 다루지는 않지만, 문제 해결의 중요한 도구로서 데이터를 활용하는 방법을 보여주고 있는데, 이는 전통적으로 보수적인 프로 스포츠계의 한계를 각성시키는 역할을 했다. 데이

---

*N. Wiener, Cybernetics, Wiley, 1947, p. 192/3 NOTE.

터 활용을 통해 미국인의 취미 생활로 알려진 스포츠(야구)에 뿌리 박힌 신화에 도전한 것이다. 그 과정에서 브래드 피트의 주연의 영화『머니볼』은 스포츠 분석의 매력을 한 차원 격상시켰다.

『머니볼』에서 이야기의 중심은 오클랜드 애슬레틱스 야구팀의 단장 빌리 빈이다. 빈은 뉴욕 양키스 같은 대형 구단에 비하면 3분의 1도 안 되는 예산을 가지고 50% 이상의 승률을 달성하는 강팀을 만들어 내는 저력을 발휘한다. 이를 위해 빈은 기존에는 간과되거나 저평가되었던 출루율과 같은 통계 지표를 활용했다. 야구계에서 내로라하는 인사들은 여전히 '직감'에 따르는 게 더 중요하다며 고의로 무시해 버렸던 지표였다. 하지만 빈은 이러한 통계 지표를 활용할 수 있었기에 적은 예산으로도 강팀들과 경쟁할 수 있었다.

『머니볼』 영화가 개봉된 바로 그 해에 IBM의 인공지능 컴퓨터인 왓슨(Watson)이 제퍼디(Jeopardy!)라는 TV 퀴즈쇼에서 인간 우승자인 브래드퍼드 러터와 켄 제닝스를 상대로 승리를 거두었다. 그리고 4년 후, 딥마인드사의 알파고(AlphaGo)가 유럽 바둑 챔피언 판 후이를 5-0으로 격파했고, 바로 이듬해에는 세계 최강고수로 알려진 이세돌을 4-1로 무찔렀다. 바둑에서 알파고의 승리는 AI 연구에서 획기적인 돌파구를 열어 주었다. 바둑은 오랫동안 인간 고수들이 직관적이고 창의적인 수를 펼치며 겨루는 게임으로 알려졌기에, 기계가 극복해야 할 궁극적인 도전 과제로 여겨져 왔기 때문이다. 수천 년 동안 바둑을 즐겨 온 동아시아에서는 바둑을 거의 철학적 개념에서 우주의 기운이 담긴 상징으로 여겨 왔으며, '부지이지'(不知而知) 즉 어떻게 아는지 모르지만 알게 된다는 깨달음같이 직관을 통해 이루어지는 놀이로 이해해 왔다. 하지만 이는 종종 스포츠 지도자들이 통계와 과학의 필요성을 반박할 때 쓰는 표현과 맞닿아 있다.

딥블루와는 달리, 사실 딥블루는 인간 전문가의 지식을 알고리즘 내부에 꼼꼼하게 심어 놓았는데(기계의 가능한 수를 평가하기 위해 8,000개 이상의 게임 특성을 인간이 직접 설계하여 입력함.), 알파고는 먼저 인간 기사의 기보 데이터를 분석하여 그 특성을 자동으로 학습하고, 이후 '심층 강화 학습'(deep reinforcement learning)이라는 기법을 통해 점진적으로 기력(棋力)을 향상시키는 방식을 채택하였다.

심층 강화 학습에서 프로그래머는 기계에 목표와 대상, 문제를 간단히 설정해 주고, 기계에 지시를 내려 해당 과제 수행 중 반복되는 상호 작용을 통해 얻은 경험과 보상을 쌓으며(즉, 강화 학습을 통해) 스스로 목표 달성에 필요한 최적의 해법을 학습하도록 하면 된다.

그러면 기계는 딥러닝을 활용하여 목표를 달성하는데, 이때 일반적으로 심층 인공 신경망을 사용한다. 심층 인공 신경망은 (딥블루와 달리) 인간 전문가의 지식을 사전에 코딩하지 않았다는 점에서 '범용성'을 갖춘 기술이다. 따라서 기계는 인간 전문가의 개입 없이도 스스로 지식을 습득할 수 있다. 이처럼 알파고는 바둑의 기본 규칙만 받은 상태에서 수백만 번의 자체 대국을 거듭하며 학습했고, 그 과정에서 끊임없이 진화해 나갔다.

이세돌과의 대국에서 다섯 판 가운데에는 두 번의 기적 같은 순간이 있었다. 제2국에서였는데, 인간 기사라면 결코 두려고 하지 않았을 기이한 수를 기계가 두었다, 직관에 반하는 수였다. 현장에 모여 있던 전문가들은 탄식을 내뱉으며, 기계가 오류를 일으켰다고 여겼다. 하지만 아니었다. 37번 수는 바둑의 수천 년 역사에서 본 적이 없는 신묘한 수였다. 가히 기계의 시대가 도래한 듯 보였다.

하지만 제4국에서 이세돌은 인간만의 창의성을 발휘하며 기계를 꺾는 묘수로 반격을 가했다. 이세돌의 78번 수는 바둑 명인의 기막힌 수로, 기계가 수백만 번의 자체 대국에서도 예측하지 못한 수였고, 실제 대국에서 마주할 가능성이 극히 낮다고 판단한 수였다. 이번 대국과 37번, 78번 수가 중요한 이유는 사고하는 기계와의 상호 작용을 통해 인간이 학습 능력을 확장할 수 있음을 보여 주었기 때문이다. 인간과 기계는 경쟁자가 아니라 협력자로 바라보아야 한다.

알파고가 처음에는 인간 고수의 기보 데이터를 분석하며 의사 결정 방식을 학습했다면, 이후 알고리즘은 이를 보다 일반화한 후속 모델인 알파제로(AlphaZero)로 발전한다. 알파제로라는 이름이 붙은 이유는 이제 더 이상 인간에 의한 기보 데이터를 참고할 필요가 없어졌다는, 즉 0(zero)이 되었다는 점 때문이다. 알파제로는 단순히 게임 규칙 정도의 지식만 있으면 바둑, 장기, 체스 같은 게임을 인간의 개입이 전혀 없어도 전문가 수준으로 학습이 가능함을 증명했다.

그러나 후속 모델은 또 다른 후속 모델로 이어졌기에 알파제로는 무제로(MuZero)에게 자리를 내주게 되었는데, 무제로는 심지어 게임 규칙조차 사전에 알지 못한 상태에서도 스스로 게임 방법에 대한 학습을 마스터할 수 있었다.

최고의 바둑 고수들이 직관력을 발휘하여 대국을 펼친다지만, 바둑 자체는 여전히 스포츠와 달리 완전 정보 게임에 속한다. 그렇다면 블러핑(속임수)이 승리의 핵심 요인이 되기도 하는 불완전 정보 게임에서도 AI 프로그램이 인간 고수를 이길 수 있을까? 과연 21세기의 기계는 본 노이먼이 던진 숙제였던 포커 게임에서도 고수 수준의 실력을 발휘하며 인간을 압도할 수 있을까? 그 답은 이미 '그렇다!'로 증명되었다.

2010년대도 중반을 넘어선 2016년, 딥스택(DeepStack)은 '2인, 무제한 홀덤 포커 게임'(heads-up, nolimit Hold'em Poker)에서 프로 플레이어를 이긴 최초의 컴퓨터 프로그램이 되었다. 다음 목표는 다수의 플레이어가 참여하는 다인 포커 게임에서 여러 상대를 동시에 이기는 것이었다. 2인 포커 게임의 경우, 두 명의 플레이어만 있기에 자신이 이겨야 할 상대의 패는 하나뿐이다. 하지만 다인 포커 게임에서는 네 명 또는 다섯 명의 플레이어가 자신보다 나은 패를 가질 수 있고, 그저 더 나은 패 정도가 아니라 블러핑(속임수)으로도 공략

하기 힘든 강력한 패를 가진 사람이 나올 수도 있다. 이런 환경에서는 블러핑을 시도할 기회는 더욱 줄고 의사 결정의 복잡성이 크게 증가한다.

딥스택의 뒤를 이어 카네기멜론 대학의 투오마스 산드홀름(Tuomas Sandholm)과 노엄 브라운(Noam Brown)이 이끄는 팀이 새로운 AI 포커 프로그램을 개발했다. 팀은 총 세 개의 포커 프로그램을 개발했는데, 클라우디코(Claudico: 비틀이), 리브라투스(Libratus: 뚜벅이), 플루리부스(Pluribus: 날쌘돌이)가 그 프로그램이다.

처음 두 프로그램은 1 대 1로 대결하는 2인 포커 게임까지만 대응할 수 있었지만, 세 번째 프로그램인 플루리부스는 다인 포커 게임에서도 승리하며 중요한 돌파구가 마련되었다. 플루리부스는 다소 신중한 방법으로 접근을 했는데, 스스로 복제본을 만들어 자체 대결을 실시함으로써 포커 게임을 진행하는 방법에 대한 전략적 모형을 구축했다. 이러한 차이를 만든 것은 대규모 학습 때문이었다. 프로그램은 수백만 번의 자체 대결을 반복하면서 최적이라 판단되는 전략을 기억하게 되었다. 그리고 이를 통해 인간의 경험적 학습 과정(휴리스틱 기반 학습 과정)을 효과적으로 모방하며 동시에 기량을 더욱 향상시켰다.

자체 대결을 통해 최적의 전략을 습득한 후에도 플루리부스는 인간 플레이어 5명과 일만 번의 게임을 더 진행했다. 또한, 플루리부스 프로그램을 탑재한 5대의 봇이 한 명의 프로 포커 플레이어를 상대로 일만 번의 대결을 벌이기까지 했다. 두 가지 실험 모두에서 플루리부스가 압도적인 승리를 거두었다.

기계 지능이 포커에서 인간을 상대로 기술적 우위를 과시하는 동안, 인간이 설계한 기계와 인간에 의해 조작되는 기계 사이에 또 다른 경쟁이 펼쳐지고 있었다. 즉 '봇' 대 'e스포츠 챔피언'의 대결이었다. 2019년, 이미 두 차례의 실패를 겪은 끝에 오픈AI(OpenAI)의 자율 봇인 오픈AI파이브(OpenAI Five)가 총 4회의 도타(Dota) 게임 메이저 챔피언십* 우승 팀을 상대로 승리를 거두었다. 오픈AI는 7,000회 이상의 게임에 출전하면서 99.4%라는 놀라운 승률을 기록했고, 특히 1,500명 이상의 플레이어가 동시에 접속하여 진행된 약 700개의 게임에서도 여러 차례 승리를 거두었다.**

2010년대 마지막 2년 동안, 딥마인드사에서 스타크래프트 II 시합 프로그램으로 개발한 알파스타(AlphaStar)가 인간 최고 프로 플레이어로 알려진 팀리퀴드(Team Liquid) 소속 그제고르츠 '마나' 코민츠를 완벽하게 제압했다. 이는 얼마 전까지 AI가 스타크래프트의 복잡성을 극복하느라고 고군분투해 온 점을 감안하면 매우 의미 있는 성과였다. 사실 RTS(Real-Time Strategy)로 알려진 실시간 전략 게임에서, 특히 스타크래프트는 AI가 정복해야 할 가장 높은 산 중 하나였다. 게다가 스포츠 분야에서 AI의 미래와도 깊이 연결된 문

---

*도타2는 워크래프트 3의 파생 게임. 도타 메이저 챔피언십은 1년 동안 몇 달 마다 열리는 도타 2의 몇 개의 대회들로 이루어진 시리즈

**https://www.joindota.com/news/81450-openai-defeats-99-4-of-human-players-over-the-weekend#comment:5349753

제인데, 그 이유는 스포츠야말로 궁극적인 실시간 전략 게임 환경이기 때문이다.

돌아보면 2010년대에는 AI 연구 공동체가 이러한 비약적인 발전을 이끌어 왔다. 발전 속도가 과거 어느 때보다 빨랐던 것 같다. 현재의 기술 수준에 도달하기까지 수천 년이 걸렸지만, 과거와 같이 AI 연구가 대대적으로 정체되는 AI 겨울이 다시 찾아올 가능성은 점점 낮아지고 있다. 특히 스포츠 분야에서는 가까운 장래에 그런 일이 벌어진다는 것은 상상조차할 수 없는 일이다. 이 모두가 스포츠 분야에서 인지 다양성의 가치를 믿고 기술적 진보를 받아들인 결과이다.

게임은 지금까지 AI 발전에서 핵심적인 역할을 담당해 왔으므로, 이제는 AI가 스포츠 발전에 기여하고 공헌할 차례다. 다음 장부터는 스포츠와 AI가 현재 어떤 관계를 맺고 있는지에 대해 살펴보기로 하자.

제2부 지금 어디쯤 가고 있을까?

4장 기술과 이론의 좁아진 간극

　어떤 엘리트 축구 클럽의 이른 아침 광경, 여러 스태프가 선수들이 도착하기에 앞서 분주히 준비를 하고 있다. 축구 팀의 스태프라면 일반적으로 코치를 비롯해, 요리사, 장비 담당자, 마사지사, 체력 강화 코치, 피트니스 트레이너, 의료진을 말하는데, 최근 들어, 현대 스포츠에서는 점점 일반화되어 가고 있지만, 데이터 분석 팀도 이들과 함께한다. 데이터 분석 팀은 AI의 가치를 누구보다 잘 이해하는 스태프로, 축구 클럽의 다양한 노력을 궁극적으로 성공으로 바꾸는 데 기여한다. 그리고 동일한 광경이 많은 다른 스포츠 분야의 최상급 훈련 센터에서 펼쳐지고 있다. 팀 스포츠 종목이든 개인 스포츠 종목이든, 또는 엘리트 사이클링처럼 두 가지 요소가 섞인 종목이든 마찬가지다.

한계점 개선 이론(theory of marginal gains)은 영국 사이클링 팀이 데이브 브레일스포드(Dave Brailsford) 감독의 지도하에 성공을 거두게 된 핵심 요인으로 꾸준히 거론되면서 널리 인정받으며 좋은 평가를 얻고 있는 모델이다. 다른 팀들 역시 혁신을 강조하며 이를 모방하거나 차용하면서, 결과적으로 팀들 간의 격차가 좁아졌다. 마찬가지로 논리로, 팀들 간의 격차를 좁히려는 절실한 노력은 스포츠 생태계 전반에 걸쳐 성과 분석과 소소한 개선점을 찾아 적용하

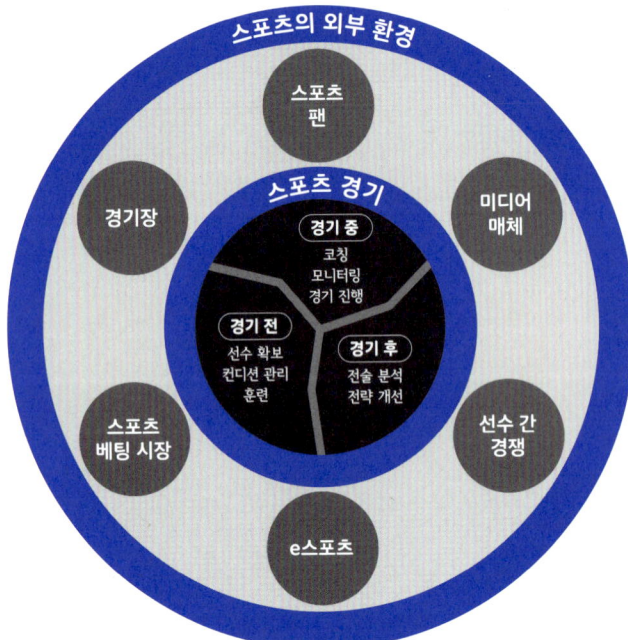

그림 4.1 스포츠 생태계

*한계점 개선 이론에 따르면, 팀이나 선수가 자신의 운동 수행 성과를 구성하는 모든 요소를 분석하고 각 요소를 1%씩 지속적으로 개선하면, 그 결과 전체 운동 수행 성과는 크게 향상된다는 것이다.

는 데 있어 AI의 역할을 더욱 중요하게 만들고 있다. 스포츠 생태계는 그림 4.1에 나타낸 것처럼 다양한 요소들로 이루어져 있으며, 종목에 따라 이 요소들이 주변 환경과 내부 특징을 만들게 된다.

한때 스포츠 분야에서 AI 발전의 방해 요소였던 컴퓨터 기술과 처리 능력은 이제 더 이상 문제가 되지 않는다. 예를 들어, F1 자동차 경주에서는 선수인 드라이버에서부터 차량까지 모든 요인을 세세하게 측정하고 데이터를 집계하여 1,000분의 1초까지 따져 승부를 결정지을 수 있게 되었다. 차량에는 많으면 400개까지 센서가 장착되며, 드라이버의 몸에는 생체 데이터 기록 장치와 건강 데이터 수집기가 연결되어 있다. AI의 핵심 과제가 인간과 기계의 상호 관계 구축 및 그 관계를 더욱 강화하는 것인 것처럼, 스포츠 분야에서 AI의 역할은 기술의 적절한 활용과 운동선수의 건강 사이에 균형을 유지하는 것이기도 하다. 그런 점에서 AI는 이제 운동선수의 의료와 건강 관리에서도 중심적인 역할을 맡고 있다.

AI는 다양한 건강 지표를 비교 분석할 수 있고, 이러한 지표들은 AI 기반의 웨어러블 기술을 통해 수집된다. AI는 건강 관련 데이터를 스트리밍 방식으로 처리 및 통합함으로써 향후 운동선수에게 나타날 수 있는 중요한 건강 문제를 예방하는 데 도움을 준다. 현재 F1 경주에서는 이와 관련된 정보가 60년 이상 데이터로 축적되어 클라우드에 저장되어 있으며, 거리상 수천 마일이나 떨어진 관리팀에서도 이를 분석하고 활용할 수 있다. 게다가 더욱 중요한 점은, 이 데이터가 경주 중인 트랙에서 실시간 결정을 내리는 데 핵심적인 역할을 한다는 것이다.

그럼에도 불구하고 자동차 경주의 승패는 단순히 데이터 분석만으로 결정이 나지 않는다. 드라이버가 추월 타이밍을 놓치는 등의 실수를 범하면 결과가 달라질 수밖에 없기 때문이다. 이는 드라이버가 직접 운전하는 차량과의 상호 작용 과정에서 발생하는 문제이다. 물론, 물리적인 자동차를 제거하고 경주를 진행할 수 있겠지만, 그렇게 하면 과연 재미가 있을까? 분명한 점은 e스포츠 현상을 본다면 그렇게 해도 충분히 재미를 느낀다는 점이 점점 인정받고 있다. 어쩌면 우리가 나아가는 방향이 정확히 그 방향일지 모르겠다. 아직은 스포츠의 최종 목적지가 어딘지는 잘 모르겠으나, 현재로서는 인간과 기계의 상호 작용이 핵심이며, 팬들은 이를 환호하며 반긴다. 예를 들어, 팬들이 F1 팀과 디지털 방식으로 실시간 소통 기회가 늘어나면 팬으로서 경험하는 몰입도는 한층 더 깊어질 것이다. 그리고 이러한 변화는 앞으로 다양한 형태의 AI를 통해 더욱 확대될 것이다.

모든 혁신 과정이 그렇듯, 이러한 발전을 두고도 찬성하는 사람과 반대하는 사람이 존재한다. 이 글을 쓰고 있는 시점에서는 찬성 측이 다소 우위를 점하는 것 같다. 우리는 현재 스포츠 세계에서 인간과 기계의 상호 작용을 통해 만들어지는 흥미진진한 변화의 문턱에 서 있다. 그런 의미에서 이 책에서는 이제부터 2020년대 초반 시점에서 AI와 스포츠가 실제로 어떤 위치에 있는지 알아보고, 관련하여 다양한 주장과 반박을 탐구해 보고자 한다.

AI 이론의 발전

AI 발전 단계를 놓고 본다면, 접근 방식을 놓고 벌어진 전쟁터는 이미 한쪽으로 기울기 시작했으며, 초기에 앞서 가던 '기호주의자'(symbolist)보다 '연결주의자'(connectionist)로 알려진 사람들이 점점 입지를 다져가는 상황에 이른 것 같다.*

'연결주의자'는 미래 언젠가에는, 비록 그 시점이 얼마나 오래 걸릴지 모르지만, 컴퓨터가 인간의 학습 방법을 진짜로 모방할 수 있으리라고 믿는다. 연결주의 모델은 AI를 발전시키려면 기계를 '훈련'시켜야 하고, 이상적인 결과를 목표로 하여 수십억 번의 시행착오를 거듭하며 종내에는 정답에 이르기까지 무자비하게 좁혀가야 한다고 주장한다. 반면, '기호주의' 입장에서는 이러한 전망을 거부하며, 기계는 이산적인 논리 규칙에 따라서만 작동할 수 있다는 입장을 고수한다. 기호주의적 접근 방식에서는 기계에 내릴 수 있는 명령은 특정 기호로 표현되어야 하며, 이 방식이야말로 기계가 할 수 있는 유일한 학습 방식이라는 것이다.

AI에 대한 '연결주의'의 정의를 조금 더 살펴본다면, 인간과 별 차이 없이 학습하고 사유할 수 있는 능력을 가진 프로그램이라고

---

*이 '전쟁'에 대해서는 케이드 메츠(Cade Metz)의 저서 『Genius Makers:The Mavericks Who Brought AI to Google, Facebook and the World』(Random House Business, 2021)에서 상세히 소개하고 있다. 메츠는 현재 뉴욕타임스지의 첨단 기술 분야 담당 선임 기자이다.

단순화시킬 수 있다. '머신러닝'(기계 학습, ML)은 이런 프로그램(그림 4.2 참조)의 하위 프로그램인데, 명확한 프로그래밍 없이도 학습이 가능하게 설계된 특수 알고리즘으로 구성된다. 또한 머신러닝에 속한 보다 하위 프로그램이 '딥러닝'(Deep Learning)인데, 딥러닝은 기계 학습 방식의 한 유형으로, 고도의 추상적인 표현을 위해 다층적 계층 구조(레이어라고 함.)을 사용하여 개념을 학습하고, 이미지, 비디오, 오디오 같은 파형과 이것들이 서로 조합된 수많은 입력 자료를 다룰 수 있다.

> **인공 지능**(AI: Artificial Intelligence): 기계나 계산 방법을 활용하여 주변 환경을 인지하고 지식을 축적함으로써 궁극적으로 특정 영역에서 의도한 목적에 맞는 의사 결정을 내릴 수 있도록 하는 기술과 방법을 연구하는 학문
>
> **머신 러닝**(ML: Machine Learning): AI의 하위 분야로, 기계가 다양한 감각적 경험을 활용해 의사 결정을 내리는 방법을 학습하도록 만드는 학문으로, 기계 학습이라고도 불림.
>
> **딥러닝**(Deep Learning): 다층 인공 신경망과 같은 심화된 계층 구조를 활용하는 머신러닝 알고리즘들의 집합으로, 데이터를 통해 점점 더 복잡한 개념을 학습할 수 있는 기술

그림 4.2 AI 하위 범주들

이러한 AI라는 양파 껍질을 자꾸 까 내려가 보면, 내부에는 훨씬 많은 단계가 있다. 예를 들어, 기계 학습은 크게 '지도 학

습'(supervised learning), '비지도 학습'(unsupervised learning) 및 '강화 학습'(reinforcement learning)이라는 세 가지 하위 영역으로 나뉜다.

지도 학습의 핵심은 특정한 입력이 주어졌을 때 특정한 출력을 예측하는 모델을 학습하는 프로그램을 만드는 것이다. 여기서 '지도'(supervised)라는 용어는 기계를 학습시킬 때 쓰이는 수단인 데이터 세트가 모델에서 판단을 내릴 때 필요한 입력과 상응하는 기대 출력을 모두 명확하게 지정한다는 의미를 담고 있다. 즉, 기계가 입력과 상응하는 출력을 연결해 주는 매핑(mapping)이라는 지도 신호를 받아 학습을 진행한다는 의미이다.

지도 학습은 크게 두 가지 유형으로 나뉘는데, 그 가운데 '분류'(classification) 학습에서는 이렇게 매핑된 출력값을 '레이블'(labels)이라고 부른다. 여기서 레이블은 축구 경기 방송 영상에서 각각의 타임 프레임마다 이벤트 유형을 태그로 지정하는 과정과 유사하다. 예를 들면, 어떤 시점에서 발생한 이벤트가 패스인지, 슛인지, 아니면 걷어내기인지 등을 범주형 또는 이산적인 방식으로 분류하는 것이다. 한편, 두 번째 학습 유형인 '회귀'(regression) 학습에서는 분류 학습처럼 범주형 레이블을 예측하는 게 아니라 그보다 연속적인 수치 예측이 목적이다. 따라서 특정 선수의 행동이 득점으로 이어질 확률 같은 수치를 예측하게 된다.

비지도 학습에서는 기계를 학습시킬 때 쓰이는 데이터 세트에 대해 명확하게 입력-출력 쌍(또는 레이블)이 주어지지 않은 상태에서 데이터 자체의 구조 속에서 패턴을 파악하는 것이 핵심이다. 따라서 기계는 별도의 지도가 이루어지지 않더라도 인간의 학습 방식과 유사하게 학습할 수 있다. 이 학습 방식에서는 개별 원시 데이터 간의 관계가 자동으로 밝혀지므로 도메인에 해당하는 학습 영역을 보다 잘 이해할 수 있다. 예를 들면, 데이터에 포함된 특정 이벤트나 군집(클러스터) 또는 패턴 간에 양의 상관관계가 나타나는지 또는 음의 상관관계가 나타나는지 파악할 수 있다. 실례를 들자면, 축구 선수들에 대한 속성을 군집화하는 경우를 생각할 수 있다. 예를 들어, 선수들이 경기장에서 슛이나 패스를 한 위치, 가로채기를 시도한 위치 등과 관련하여 행동 유형이라든지 키와 나이 같은 신체적 특성을 기준으로 속성을 군집화하면, 유사한 특성을 가진 선수를 쉽게 식별할 수 있고, 이는 선수 스카우트 목적으로 활용될 수 있다.

강화 학습에서는 학습 에이전트를 필요로 한다. 학습 에이전트는 감각을 통한 관찰 데이터를 입력으로 받아들여 판단을 내리고 그 결과를 출력으로 제공함으로써 소기의 목적을 달성할 수 있는 주체적인 존재이다. 이러한 에이전트는 대체로 목표 지향적이며, 주어진 환경에서 상호 작용을 통해 능동적으로 행동하며, 그 과정에서 보상으로(또는 비용으로) 피드백을 받는다. 따라서 보상의 누적값을 극대화하는 방향으로 의사 결정을 내리는 방식의 학습에 적합

하다. 그런 특성 때문에 강화 학습은 종종 지도 학습과 비지도 학습의 중간쯤 위치한 것으로 볼 수 있다. 비지도 학습처럼 명확하게 레이블이 붙은 데이터가 주어지지는 않지만, 에이전트의 행동이 얼마나 적절한지를 나타내는 보상으로 피드백 신호가 제공되기 때문이다. 예를 들어, 강화 학습을 활용하면 로봇 에이전트를 훈련시켜 실제로 축구를 하게 만들 수 있는데, 이 과정에서 득점은 명확한 보상 수단으로 작용한다.

인간이 중심이 되는 스포츠 활동 분석에서 대부분의 경우 지도 학습과 비지도 학습은 매우 중요한 역할을 한다. (주로 경기 예측이나 경기의 이해를 돕는 모델을 만드는 데 쓸 수 있기 때문이다). 반면에 강화 학습은 선수들이 장기적 보상을 극대화하는 전략 전술을 짜는 데 있어 점점 역할이 중요해질 것으로 보인다. 구체적인 예를 들자면, 축구에서 단일 경기는 서로 상호 작용을 하는 복수의 에이전트(여기서는 인간)가 참여하는 순차적인 의사 결정의 문제로 간주할 수 있는데, 이 경우에 모든 에이전트는 당연히 자신에 대한 보상을 극대화하려고 한다. 이런 관점에서 선수들의 역동적 움직임과 상호 작용을 모델링할 수 있다면, 강화 학습 알고리즘을 활용해 주어진 경기 상황에서 선수 각자가 취해야 할 행동이나 전술적 방향을 세세하게 매핑하는 방식의 학습이 가능해진다.

게다가 이러한 순차적 의사 결정의 관점은 강화 학습 패러다임을 적용하면 더욱 확장될 수 있는데, 예를 들면, 단일 경기에서 나타난 선수들의 행동뿐만 아니라, 리그에서 연속적으로 진행되는 경기들을 고려하여 내리는 일련의 결정이 승리로 이어지면 팀에게 보상을 하고, 패배하면 패널티를 부과하는 방식으로 활용할 수 있다.

그림 4.1을 통해 알 수 있듯이, AI가 스포츠 환경에 미치는 영향은 매우 광범위하다. 치열한 경쟁이 벌어지는 경기장 안에서 이미 AI는 경기 시작 전, 경기 중, 경기 종료 후를 가리지 않고 깊이 개입하고 있으며, 점점 더 그럴 것이다. 사실상, 경기장 바깥의 상황도 마찬가지다. 결국 AI가 개입하는 목적은 선수의 기량을 향상하고, 게임에 대한 사람들의 이해를 높이고, 스포츠를 즐기는 인간의 전반적인 경험을 증진하려는 데 있다. 따라서 AI의 영향력은 그런 기준으로 평가해야 한다.

5장 스포츠 생태계

피드백 루프

스포츠 경기 자체를 둘러싸고 있는 피드백 루프(그림 4.1 참조)는 각 단계에서 게임 관계자들이 경기 당일까지 최상의 성과를 발휘하도록 만드는 데 있어서 매우 중요하다. 어떤 스포츠이든 경기 전의 준비 단계에서는 이전 경기의 전술 분석, 선수의 신체 상태 및 회복 데이터를 피드백하는 작업으로 시작하는데, 이 과정은 AI의 지원이 거의 필수적인 영역이다. 경기 시작을 알리는 호루라기 소리가 울리기 전까지는 선수의 건강 상태를 모니터링하고, 필요한 조치를 하고 이행할 수 있는 시간이다. 또한, 전술을 수립하여 연습해 보고 결과를 평가할 수 있는 시간이다. 경기의 진행 단계에서는 선수들의 생체 데이터와 경기 성과 데이터가 즉시 관리팀과 코칭 스태프에게 전달되고, 심지어 선수 개인에게도 보내진다. 경기 후 단계에서는 게임 분석이 이루어져 다음 경기를 준비하게 되는데, 이처럼 모든 단계에서 AI가 함께 하는 지속적인 학습과 실행의 사이클이 형성된다.

하지만 또 다른 중요한 피드백 루프가 있는데, 바로 인재 관리 시스템이다. 그림 5.1에서 보듯이, 이 과정은 여러 단계로 구성되어 있고, 각 단계는 주기적으로 시계 방향으로 순환하며 움직이게 되어 있는데, 바로 옆 단계와 끊임없이 상호 작용을 하게 된다. 이 모든 단계는 필연적으로 거쳐야 하는 과정으로, AI는 각각의 단계를 효과적으로 지원할 수 있다.

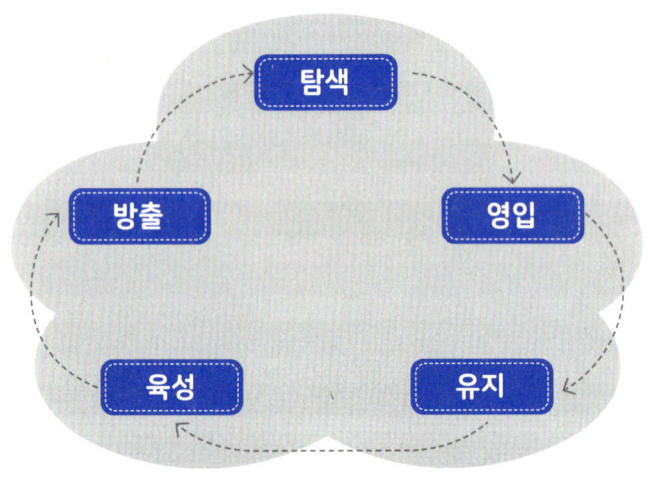

그림 5.1 인재 관리 시스템의 사이클

스포츠 클럽에서 인재 관리를 나타내는 분석 루프의 핵심 요소를 가장 적절히 배열한다면, 인재의 발굴, 영입, 유지, 육성, 그리고 최종 방출의 순서일 것이다. 유망한 인재를 조기에 발굴하는 일은 팀 스포츠 종목의 경우 선수의 영입, 육성, 이후 트레이드를 통해 수백만 달러의 가치를 창출할 수 있다. 테니스나 골프 같은 개인 종목에서는 유망 선수가 매니저나 에이전트에게 조기 발탁됨으로써 초기부터 재정적인 지원을 받을 수 있고, 이는 궁극적으로 성공에 이르는 중요한 발판이 되기도 한다. 이처럼 전도유망한 어린 테니스 선수나 골프 선수의 발굴은 팀 스포츠 종목에서의 선수 육성 및 트레이드처럼 상당한 상업적 수익으로 이어질 수 있다. 실제로, 프로 축구계에서는 선수 트레이드가 경기 당일 입장권 수익, 광고 수익, 방송 수익이라는 기존의 세 가지 수익원에 더하여, 네 번째 주요 수익원으로 자리매김하고 있다.

인재 영입과 스카우트는 이미 AI와 빅데이터의 영향력이 크게 미치고 있는 분야로, 다양한 기회가 열리고 있다. 현재까지도 스카우트는 여전히 전통적인 방식에 의존하는 경향이 있지만, 현대 기술의 발전으로 그 가치가 크게 올라가고 있다. 영상 이미지 분석과 이를 기반으로 생성된 CGI(컴퓨터 생성 이미지) 분석은 이미 오랜 기간 선수 영입 분석의 핵심 도구로 자리 잡아 왔다. 지금은 다수의 기업이 유럽 최상위 축구 리그의 프로 클럽들을 대상으로 다양한 분석 도구를 제공하고 있다.

이 도구들은 에이전트나 코치뿐만 아니라, 선수들도 개인적으로 활용할 수 있다. 또한, 축구 클럽의 입장에서는 인력과 재원이 많이 소요되는 스카우트 작업을 외주화하는 데 도움이 된다. 인재 스카우트 업무는 이제 인간 스카우트 팀이 현장을 돌며 제한된 경기에서 제한된 선수를 관찰하는 방식에서 벗어나 기술에 보다 더 의존하는 방식으로 바뀌고 있다. 물론 이런 방식에도 여전히 상당한 수준의 인적 자원과 인간의 노동력이 필요하기는 하다. 하지만 AI는 바로 이 지점에서 본격적인 기여를 시작했다.

AI는 TV와 스트리밍 서비스, 웨어러블 기기, 드론 기술, 그리고 경기장 내에 고정 설치된 시청각 장비 등 다양한 소스로부터 산더미 같이 쏟아져 들어오는 영상 데이터를 수집하여 사람 대신 분석할 수 있다. 이를 통해 AI는 팀 동료 사이의 협력 패턴을 보다 정확히 이해하도록 해 주고, 팀 전술 수립 과정에서 특정 역할을 수행할 필요가 있는 이상적인 선수 프로필을 구축하는 데에도 많은 도움을 준다.

이렇게 생성된 프로필은 향후 영입 대상이 될 선수들을 평가하는 기준으로 활용될 수 있다. 머신러닝 기술은 이러한 기준을 지속적으로 업데이트하고 개선함으로써 인재 식별과 발굴 과정이 끊임없이 이어지도록 한다.

기존의 인재 영입 방식의 효율을 높일 수 있는 또 다른 방법은 AI 기반 가상 현실 소프트웨어의 활용이다. 특정 경기 기능에 대하여 AI 기술로 계측 가능한 훈련 프로그램을 빠르게 구축하고, 이를 통해 선수의 실력을 인재 육성 프로그램에서 비슷한 과정에 있는 최상급 선수의 지표와 즉시 비교할 수 있다. 이 기술은 공식적인 스카우트 대상은 아니지만 대학팀에 지원하려는 다수의 일반 선수를 평가하거나 선별하는 데 특히 유용한데, 인재 풀로 들어가는 입구가 그만큼 넓어져 그동안 제대로 눈여겨 보지 못한 숨은 인재의 발굴 가능성이 한층 커졌기 때문이다.

팀 스포츠에서 정상급 선수들이 보유한 스캔 능력과 같은 고급 기술은 스포츠 인재의 조기 발굴 수단의 하나인데, 특히 축구에서 특정 기능을 평가하는 데 효과적으로 활용될 수 있다. 스캔 능력은 간단히 말하면 경기 중에 선수가 주변 상황을 시각적으로 인지하면서 더 나은 결정을 내리는 능력이라고 할 수 있다. 이를테면, 경계심이 강한 미어캣이 머리를 세우고 좌우로 움직이며 끊임없이 주위를 살피는 모습을 상상해 보면 이해가 쉽다.

축구 선수 중 피를로(Pirlo)나 차비(Xavi), 지단(Zidane)(독자가 좋아하는 다른 선수를 떠올려도 무방하다.) 같은 선수들은 패스를 받기 전 10초 동안 다른 일반적인 선수보다 머리와 몸을 더 많이 움직이는 것으로 알려져 있다. 이러한 데이터는 유소년 선수의 지도에 기준으로 활용할 수 있고, 인재 관리 사이클의 선수 육성 단계에서도 많은 도움이 된다.

하지만 아쉽게도, 이 분야에서는 여전히 기술적 한계가 존재한다. 크데델(Kredel)의 연구 팀은 지난 45년 간 스포츠 분야에서 시선 추적 기술을 활용한 '시선 행동'(gaze behavior)에 대한 60여 건의 연구를 종합하여 훌륭한 메타 연구를 수행한 결과 다음과 같은 문제점을 지적했다.

> 신뢰할 만한 결과를 도출하려면 더 많은 데이터를 수집해야 하는데, 그러기 위해서는 순간 측정이 가능하고 내구성이 뛰어난 시선 추적기의 개발이 중요하다. 시선 추적기는 위치 추적 시스템과 통합하여, 대량의 원시 시선 데이터에 대하여 알고리즘을 활용한 시선 방향 분석이 이루어져야 한다. 이러한 기술의 확보가 현재 스포츠 과학의 주요 과제 중 하나이다.*

AI 기술이 발전함에 따라, 이 분야는 머지않아 모든 스포츠 분야에서 핵심적인 연구 영역이 될 것이다.

조금 더 상업적인 측면에서 살펴보자면, 노련한 선수들로부터 수집된 데이터는 이적 협상에 활용될 수 있으며, 악천후가 닥쳤을 때 야외 훈련 대신 가상 현실 헤드셋을 활용한 훈련은 코칭 시간과 공간을 보다 효율적으로 활용하는 대안이 될 수 있다. 또한, 훈련 강화 방안으로서 데이터를 게임화**하여 앱으로 제공한다면(현재는 미식축구 리그(NFL) 코치들이 애용한다는 프리시즌용의 두꺼운 플레이북 형태로 제공), 선수들이 부상 중이거나 시즌 준비 기간 동안 이를 활용

---

*Front Psychol., 17 October 2017 | https://doi.org/10.3389/fpsyg .2017.01845, Eye-TrockinB TechnoloBr and the Dynamics of Natural Gaze Behavior in Sports: A Systematic Review of 40Years of Research by Ralf Kredel, Christian Yater, Andre Klostermann and Ernst-Joachim Hossner, University of Bern, Bern, Switzerland.

*A Generalized Method for Empirical Game Theoretic Analysis, Karl Tuyls, Julien Perolat, Marc Lanctot, Joel Z. Leibo, Thore Graepel, AAMAS 2018.

할 수 있는데, 실제로 이러한 방식은 훈련 성과를 향상하는 데 많은 도움이 되는 것으로 알려져 있다.

미국 프로 농구팀 샌안토니오 스퍼스의 단장인 R. C. 버포드는 AI 기반 의사 결정 과정에 대해 다음과 같이 말한다.

AI 기반 의사 결정 과정은 눈(스카우트), 귀(정보), 숫자(성과)를 통해 얻은 다양한 변수를 조화롭게 정렬하는 것이 핵심입니다. 만약 눈, 귀, 숫자가 말하는 데에서 벗어나 다른 방향으로 가겠다면, 그에 대한 충분하고도 확실한 근거가 있어야 합니다. 더 깊이 파고들 필요가 있어요…. 눈, 귀, 숫자 사이의 조화가 깨진다면, 다시 기본적인 프로세스와 데이터로 돌아가서 보다 발전적인 질문을 찾아내도록 해야 합니다.*

이러한 인식은 앞으로 우리가 나아가야 할 방향이 숫자와 직관, 또는 인간과 기계 사이에서 공생적 학습 관계를 형성하는 데 있음을 시사한다. 스포츠 현장에서 코칭 스태프와 의료진에게 의미 있는 측정 방식이란 매우 복잡하고 극히 정밀한 수준에서 이루어져야 하므로 인간의 힘만으로는 어렵고 AI의 지원이 절대적이다. 벨기에 축구협회의 기술 이사이자 국가대표팀 감독인 로베르토 마르티네즈(Roberto Martinez)는 이렇게 말한다.

---

*2021년 3월, 저자 직접 인터뷰

최신 기술의 활용은 이제 스포츠 분석가와 코치는 물론 팀 전체와 선수에게도 필수적인 요소입니다. 이런 기술 덕분에 우리는 최고의 경기력 수행 발휘가 가능한 환경에서 선도적 위치에 설 수 있습니다.*

인재 관리 사이클의 모든 단계에서 AI를 적극 활용한다면, 경쟁력 차원에서 상당한 우위를 확보하게 될 것이다.

건강 관리

아무리 재능이 뛰어난 운동선수라도 신체적·정신적으로 건강하지 않으면 자신의 기량을 온전히 발휘하기 어렵다. 건강 및 안전 관련 데이터, 특히 개인별 데이터의 정밀도가 점차 향상됨에 따라, 이제 AI와 머신러닝은 단순히 경기 당일의 경기력 분석을 넘어 선수는 물론 코치에게도 도움이 되는 다양한 작업에 활용할 수 있게 되었다. 사실, 스포츠 분야에서 코치들은 심장 질환과 관련하여 특히 취약한 것으로 알려져 있다. 예를 들어, 축구에서는 조크 스타인 감독이 경기 중 벤치에서 사망한 바 있으며, 요한 크라위프, 로날트 쿠만, 그레임 수네스, 제라르 울리에 같은 감독들이 심각한 심장마비 증상을 겪었다. 미국 스포츠계에서도 미식축구의 시카고 베어스의 마이크 딧카 감독이 심장마비를 겪었고, 뉴욕 제츠의 빌 파셀스 감독은 1992년에 심장 수술을 받았으며, 미

---

*2021년 3월, 저자 직접 인터뷰

네소타 바이킹스와 애리조나 카디널스의 전 감독인 데니스 그린은 2016년 심장마비로, 마이애미 돌핀스 및 오클랜드 레이더스의 토니 스패라노 감독은 2018년에 심장 질환으로 사망했다. 그 밖에도 애리조나 카디널스의 브루스 애리언스 감독과 뉴욕 제츠의 전 토드 볼스 감독, 미네소타 바이킹스의 마이크 지머 감독 등이 심장 질환으로 응급실을 찾은 사례가 있다.

감독의 역할은 주요 스포츠 구단의 성공을 이끄는 핵심 직책의 하나로 인식되며, 당연히 가장 높은 보수를 받는 직업이기도 하다. 이러한 이유로 감독은 지속적인 관리가 필요한 소중한 인적 자산이다. 하지만 감독은 살인적인 업무 일정 때문에 엄청난 스트레스를 겪으며, 개인의 건강 관리 수준은 대체로 끔찍할 정도이다. 불규칙한 식사, 주 80시간 이상의 근무, 잦은 장거리 이동, 성과 중심 업무 방식, 게다가 대체로 개인이 가진 강한 승부욕 등이 건강 관리의 저해 요소로 꼽힌다.

물론, 이러한 건강 관리 문제가 벤치나 덕아웃에서만 발생하는 것은 아니다. 예를 들어, 유로 2020 축구대회에서 크리스티안 에릭센이 경기 중 심장 발작을 겪었던 사건을 떠올려 보라. 스포츠 협회는 향후 AI 기반 웨어러블 기기의 활용을 허용할 필요가 있다. 웨어러블 기술은 선수의 안전을 보장하고, 다양한 생체 정보와 건강 데이터를 실시간으로 제공할 수 있다는 장점이 있다. 물론, 이를 위해서는 데이터 운영 관리 문제, 개인 정보 보호 문제,

그 외의 법적 규제 문제 등도 함께 고려되어야 할 것이다.

마지막으로, 이와 같은 직업군에 종사하는 이들은 자발적으로 정기적인 건강 검진을 받기를 꺼리는 경향이 있다. AI 기반 웨어러블 기술은 이러한 문제까지 대신 해결할 수 있다. 웨어러블 기기에서 수집된 데이터는 물리적인 침해 없이, 물론 현행 기밀 보호 규정을 준수하면서, 선수와 코치의 고용주에게 전달될 수 있다. AI와 머신러닝은 심박수 변화도(HRV) 같은 지표에서 중요한 패턴과 추세를 즉시 파악할 수 있는데, 최신 연구에 따르면 이는 엘리트 선수들이 가진 실제 건강 문제나 잠재적인 건강 문제를 평가하는 데 중요한 자료로 활용되고 있다. 훕(WHOOP)이나 핏빗(FitBit) 같은 웨어러블 기기 회사들의 상용 모델은 이러한 엘리트 선수를 대상으로 고성능 시험을 거치고, 일반인의 건강 관리 요구를 반영하는 방식으로 제품을 대량 생산하여 시장에 판매하는 것이다.

부상 예방과 건강 증진

생명을 위협하는 건강 문제보다는 순위가 밀리지만, 스포츠 현장에서 상당히 중요한 사안은 부상을 예측하고 예방하는 능력이다. 만일 예방이 실패한다면, 가능한 한 신속하게 회복하는 것도 중요한 능력이다. 예를 들어, 웨어러블 기술을 활용하여 훈련 중 운동 부하를 실시간으로 모니터하면, 그렇게 수집된 데이터를 가지고 경기 일주일 전부터 엘리트 축구 선수들의 부상을 거의 90%

의 정확도로 예측할 수 있다.

축구의 경우, 현재 사용하는 프로그램들은 발목과 햄스트링 부상 예측에 있어서 매우 높은 정확도를 보이며, 무릎과 그 밖의 하체 부상에 대해서도 상당히 신뢰할 만한 예측이 가능하다. 이러한 유형의 부상으로 인한 결장은 전체 부상에 의한 결장 사례의 60% 이상을 차지하는 것으로 밝혀졌다. 농구 역시 반복적인 점프 동작 및 착지 충격과 함께 수시로 방향 전환이 이루어지는 고강도 스포츠인데, 무릎 인대와 슬개골 손상, 아킬레스건 부상이 자주 발생한다. 따라서 이러한 환경에서는 AI를 활용해 부상의 발생 빈도와 심각성을 낮추는 전략을 분석하고 개발할 필요가 있다.

AI는 최근 빈번히 사용되고 있는 뇌진탕 프로토콜(뇌진탕 발생 시 긴급 대처 절차)의 효율성을 높이는 데에도 중요한 역할을 할 수 있다. 은퇴한 프로 복싱선수 대상으로 만성 외상성 뇌 손상의 유병률을 조사한 초기 연구에 따르면, 조사 대상자의 약 17%가 뚜렷한 증상을 보이는 것으로 나타났다.* 이보다는 늦게 미국에서는 법의학자 베넷 오말루(Bennet Omalu) 박사가 은퇴한 미식축구 선수를 대상으로 만성 외상성 뇌병증(CTE)에 대한 증거를 조사하여 최초로 발표했다.** 이후 미식축구와 아이스하키 선수를 대상으로 하여 만성 외상성 뇌병증 연구가 계속 이루어졌는데, 일부 연구에서는 200명 이상의 미식축구 선수로 구성된 대조군에서 80% 이상이

---

*M.H. Rabadi and B.D. Jordan, The Cumulative Effect of Repetitive Concussion in Sports. Clinical Journal of Sport Medicine, 11, 3, 2001 July, 194-198.
**오말루 박사의 연구는 윌 스미스가 주연을 맡고 2015년 개봉된 영화 『뇌진탕』(Concussion)을 통해 널리 알려졌다.

CTE에 영향을 받은 것으로 나타났다.* 이처럼 CTE 증상을 보이는 80% 이상의 선수들은 증상의 심각도와 관계없이 거의 모두 인지 기능 저하와 기분 저하, 치매 징후를 보였다.

한편, 축구와 럭비 선수들 사이에서도 이와 유사한 우려가 제기되었으며, 관련 증거도 점점 늘어나고 있다. AI를 활용한 정확하고 신속한 모니터링 기술은 엘리트 스포츠 조직과 선수들이 뇌신경계 이상을 조기에 진단하고 치료받게 도와줌으로써 상태가 돌이킬 수 없게 악화되기 전에 대응할 수 있는 길을 열어 줄 것이다.

효율성 측면에서 보자면, 인간이 단독으로 수행하는 모니터링에는 한계가 있지만, AI는 그 범위를 거의 무한대로 확장시킬 수 있다. 예를 들어, 고강도 인터벌 훈련(HIIT), 달리기, 단기 및 장기 훈련 부하 값(training load figure, 운동이나 훈련이 신체에 주는 부담을 수치화한 개념), 가속 및 감속 같은 속도 변화에 따른 주파 거리, 수면의 질, HRV(심박수 변화도) 자료, 최근 부상 이력 등의 데이터를 모두 모아서 단일 AI 또는 머신러닝 프로그램에 통합 입력하면, 알고리즘이 자체 학습을 통해 위험 요인을 감소시킨 권고 사항을 제시해 줄 수 있다. 프로그램이 실시간으로 지속적으로 학습을 수행하며, 그 결과를 가지고 인간 파트너를 학습시키고, 중요한 상세 정보에 대해 알려주되 무엇보다도 실시간으로 그 정보를 쉬지 않고 제공할 수 있을 것이다. 이러한 방식으로 인간의 신체 건강에 대한 지식과 학습은 끊어지지 않고 계속 발전해 나갈 것이다.

*Orit H. Lesman-Segev, Lauren Edwards, Gil D. Rabinovicl, Chronic Traumatic Encephalopathy: A Comparison with Alzheimer's Disease and Frontotemporal Dementia.

6장 경기력 향상

경기력 향상 준비 단계

최근까지 스포츠 분석가들은 강하게 라벨링된 데이터(예컨대, 사건 흐름에 따라 실시간으로 생성되는 이벤트 스트림 데이터를 활용한 집계 통계나, 추적 데이터를 활용한 단순 모델 등)에 대하여 주로 기초적인 통계 기법으로 알려진 방법을 통해 처리해 왔다. 하지만 이런 데이터는 전통적으로 확보하기가 까다로워 문제다. 사람이 수작업으로 데이터에 주석을 달거나, 경기장이나 훈련 시설마다 일일이 특수 하드웨어를 설치해야 하기 때문이다. 그러나 이제는 기술 발전으로, 비디오 영상에서 직접 데이터를 자동으로 생성할 수 있게 되었고, 따라서 사람이 별도로 개입하지 않더라도 누구나 이해할 수 있는 수준으로 경기에 대한 통계 자료를 자동으로 산출하게 되었다.

이로 인하여 AI는 코치진을 더욱 효과적으로 지원할 수 있게 되었고, 이러한 지속적인 코칭 활동을 통해, 선수 개개인이 팀 단위로 경합하든 또는 개인적으로 경쟁하든 관계없이, 궁극적으로 그들의 경기력에 대해 AI가 영향을 미치게 되었다. 야구를 예로 들면, 선수 영입과 경기 출장 라인업 결정은 이제 머신러닝 기술에 점점 더 의존하게 되었는데, 이는 20여 년 전 혁신을 주도한 빌리 빈과 그의 추종자조차 상상하기 어려운 수준이다.

야구의 경우, 마운드에서 투수가 던진 커브볼의 정확한 궤적이나 너클볼의 미세한 변화까지 밀리미터 단위로 평가할 수 있게 되었다. 마찬가지로 테니스에서도 이제 라켓에서 튕겨 나온 공의 속도와 회전력을 정밀하게 측정할 수 있게 되었다. 축구에서는 공의 회전과 비행 궤적을 추적함으로써 현대판 베컴들이 찬 공이 얼마나 휘어지는지를 정확히 파악할 수 있게 되었다. 이처럼 사실상 거의 모든 요소에 대해 측정이 가능해지면서, 기계가 자체 학습 사이클을 지속적으로 수행할 수 있는 가능성도 놀랄 만큼 커지고 있다.

2020 도쿄 올림픽에서는 알리바바(Alibaba)와 인텔(Intel)이 공동으로 개발한 3D 선수 추적 애플리케이션이 도입되었는데, 이 기술을 통해 경기 중인 선수의 동작이 3D 영상으로 재현되면 코치들은 그로부터 실시간 데이터를 추출할 수 있게 되었다. 알리바바와 인텔은 이를 위해 두 가지 핵심적인 요소, 즉 고화질 영상 기술과 강력한

처리 능력을 제공함으로써 선수의 경기력을 디지털 모델로 구현한 최종 결과물을 만들어 냈다. 이렇게 생성된 영상은 AI 알고리즘을 통해 분석 가능한 형태로 변환되어, 실시간으로 또는 나중에 선수의 경기력을 분석하는 자료로 활용된다. 분석 작업은 해당 선수의 과거 경기력뿐만 아니라 경쟁 상대인 선수들과 비교하거나, 나아가 AI가 생성한 가장 '이상적'인 모델과의 비교까지도 가능하다.

공간의 이해 - 마지막 과제

또 다른 중요한 발전이 특히 팀 스포츠 분야에서 이루어졌는데, 바로 머신러닝을 통해 공간 활용에 대한 이해가 한층 깊어졌다는 점이다. AI에 의한 데이터 처리와 학습 능력이 비약적으로 향상되면서 경기를 진행 중인 선수들 사이의 행동 패턴을 SNA(사회 관계망 분석) 방식으로 모델링하는 것이 가능해졌기 때문이다.* 대표적인 사례가 딥러닝을 활용하여 선수들의 향후 움직임(궤적)을 예측하는 연구인데, 이를 활용하면 팀 동료는 물론 상대 팀 선수들의 움직임까지 사전에 예측하고 대비할 수 있다.

이러한 시스템은 모든 경기에서 선수와 공의 움직임을 초당 25프레임의 초고속 영상으로 추적하고 이를 통해 수백만 개에 달하는 데이터 포인트를 수집하여 학습에 활용한다. 그리고 여기에 코치가 부여한 선수별 임무 같은 추가 변수들을 더하면, 기계를 위한 학습의 기회는 더욱 넓어진다. 예측 모델링 기법(predictive modeling

---

*논문 참조 요망 『Defining a historic football team: using Network Science to analyze Guardiola's F.C. Barcelona』 by J.M. Buldu, J. Busquets, I. Echegoyen and F. Seirul.lo, in Scientific Reports, volume 9, Article number: 13602, 2019.

techniques)이라 불리는 방식을 활용함으로써 가상 경기 또는 시나리오 기반의 시뮬레이션 경기를 처음부터 끝까지 구성하는 것이 가능해져, 결과적으로 기계에 의해서만 진행되는 경기까지도 가능해진 것이다.*

예측 모델은 실제 경기 진행 상황에서 선수들의 움직임을 그래픽으로 표현된 경기장 위에 애니메이션 점 형태로 동시에 보여 줄 수 있다. 게다가 각 팀별 추적 데이터를 활용하여 만드는 이른바 '고스팅 기법'(ghosting techniques)을 통해 가상의 제3 수비 팀을 시뮬레이션할 수 있고, 이를 통해 해당 리그 내에서 평균적인 팀이나 최상위 또는 최하위 팀이 유사한 상황에서 어떻게 수비하는지를 비교해 볼 수 있다.

실제로 이 분야의 선도 업체인 스태츠퍼폼사(Stats Perform)는 축구 코치진과 협력하여 실시간으로 경기 동작을 스케치하는 방식을 이용한 쌍방향 시뮬레이션을 제공하고 있다.

코치는 전술 보드에 자신이 선수들에게 요구하는 동작을 스케치하여 제시할 수 있는데, 그러면 추적 데이터와 기술을 통해 코치가 묘사한 동작이 실제 경기에서 어떻게 구현될지를 지능형 보드판에서 시뮬레이션으로 보여 주는 것이다.**

---

*이에 대해서는 이 사이트 https://jair.org/index.php/jair/article/view/12505에서 자세히 살펴볼 수 있다.
**Artifictal Intelligence (AI) in Sports, Sport Performance Analysis.

만일 e스포츠 전문가와의 협업이 이루어진다면, 코치들에게 제공되는 학습 효과는 더욱 커질 것으로 기대된다.

공격과 수비에 관련된 세트 플레이 전술을 개발하고, 그와 같은 전술을 다른 AI 시스템과 반복적으로 대결시켜 시험해 보는 것도 가능한데, 이는 바로 알파고가 바둑에서 인간 최고수를 능가할 수 있었던 학습 방식과 동일하다. 전술 시뮬레이션 결과를 게임화하여 앱으로 제공하면, 비활동 기간에 놓인, 예컨대 부상이나 출장 정지 등의 상태에 있는 선수들이 경기 운영에 대한 개인 학습을 계속 이어갈 수 있다.

AI는 경기에 앞서 팀에게 전술적인 강점을 제시할 수 있을 뿐만 아니라, 경기 중에도 코치에게 실시간 분석 자료를 제공할 수 있다. 개별 선수의 신체적 피로 지표를 수치화함으로써 경기 도중 지구력 저하를 예측하는 것도 가능하다. 예를 들어, 테니스 그랜드슬램 대회의 마지막 5세트 경기에서는 이러한 데이터가 결정적인 경쟁 우위 요소로 작용할 수 있다. 궁극적으로 어떤 경기에서든 세부적인 전술을 결정하는 것은 선수와 코치의 몫이지만, AI를 통해 제공되는 정보는 그러한 판단에 있어 결정적인 요소가 될 수 있다.

지속적 학습의 중요성

센서 기술과 AI의 결합은 코치가 선수들의 기술을 향상시키는 데 큰 도움이 될 수 있다. 예를 들어, 웨이트 트레이닝의 경우 — 이제 거의 모든 스포츠 종목에서 보편화된 훈련이지만 — AI는 즉각적인 피드백을 제공함으로써 운동 효과를 극대화할 수 있으며, 개인 맞춤형 훈련 프로그램 설계에도 활용될 수 있다.

운동선수에 대한 훈련과 지도는 사실상 코치와 감독에 대한 교육이기도 하므로, 이는 지속적인 학습 과정이 되어야 하고, 동시에 특정 경기나 상황에 대한 학습이 우선시될 필요도 있다. 교육학적 관점에서 보자면, 머신러닝(즉, '기계 교수', 보다 정확히는 기계에 의한 '지원 기반 학습'(facilitated learning))의 활용은 과거에는 제대로 연구되지 못한 측면이 있지만, 지금은 인간의 의사 결정을 보조하는 데 있어 엄청난 잠재력을 지니고 있다. 이는 스포츠에서뿐만 아니라 다른 분야에서도 마찬가지다.

어쨌든 스포츠 업계는 이러한 잠재력을 주목하기 시작했고, 이미 다양한 기술을 도입하여 코치가 선수들에게 단순히 무엇을 가르칠 것인가를 넘어, 어떻게 지도하고 훈련할 것인지, 즉 특정 경기 상황에 기반한 효과적인 지도 방식까지 활용할 수 있도록 돕고 있다. 이러한 엘리트 선수를 위한 AI 기반 코칭의 또 다른 장점의 하나는, 그 결과물이 엘리트 선수와 코치에게만 국한되지 않고 수많은 아마추어 선수와 지도자들에게도 똑같이 적용될 수 있다는 점이다.

엘리트 선수를 위한 기술

AI 시스템이 기존에 성과가 검증된 전통적인 코칭 개념을 넘어

진정한 대안이 되려면, 보다 나은 결과를 도출함과 동시에 실제 코칭 과정에서 요구되는 인간의 업무 부담을 줄일 수 있어야 한다. 그러나 'AI 코칭'이 처음 도입되던 당시에는 더 나은 결과를 얻기 위한 노력조차 오히려 인간의 업무량을 실질적으로 증가시켜야만 하는 경우가 많았다. 당시 AI의 수준이 경기력의 특정 요소 몇 가지를 겨우 설명할 수 있는 정도에 불과했고, 새로운 요소를 고려할 상황이 되면 시스템 밖에서 이루어지는 코딩 작업량이 기하급수적으로 증가했기 때문이다.

비슷한 맥락에서, 예컨대, 부상 예측처럼 더 높은 가치를 지닌 결과를 도출하려는 시도는 인간의 업무 부담을 엄청나게 가중시키는 경향이 있다. 또한, 초기 시스템의 대부분은 운동 강도의 과부하 문제 같은 '부정적' 결과에 대해서는 어느 정도 예측할 수 있었지만, 당일 또는 주간 운동 프로그램에서 최적의 실시간 운동 방식을 추출하는 '긍정적' 제안까지는 이르지 못했다. 그런데 바로 이 지점에서 '강화 학습'(Reinforcement Learning, RL)이 논의에 참여하게 되면서 인력 소모적인 인간의 개입을 줄이는 데 크게 이바지하게 되었다.

강화 학습에서는 코치나 감독이 AI에 명확한 목표를 설정하여 주면 된다. 예를 들어, 선수들이 최상의 체력을 유지하면서, 심각한 부상을 피하고 향후 경기의 출전 가능성을 확보하라는 식이다. 그러면 그 순간부터 AI는 수백만 번의 시뮬레이션(학습 이벤트)을 통해 스스로 학습에 매진한다. 학습이 진행됨에 따라, AI는 결과를 점점 정교하게 다듬고, 그렇게 도출된 최종안을 코치진에게 전달한다. 코치진은 그 제안의 실현 가능성과 적용 여부를 최종 판단하면 된다. 티에리 게르츠(Thierry Geert)의 말대로, "기계 제안, 인간 결정"* 방식이다.

딥러닝 연구에서 가장 이상적인 환경을 갖춘 스포츠가 바로 미국의 미식축구 리그(NFL)이다. 미식축구는 경기 시작과 중단이 명확하게 구분되는 구조이기 때문에 사커라 불리는 축구보다 실험과 분석이 훨씬 용이하다. 예를 들어, 현재 AI 프로그램은 러닝백의 러닝 플레이에 대해 팀 동료와 상대 팀 수비수, 공을 전달받는 핸드오프 동작과 첫 접촉 시점 등의 데이터를 분석하여 해당 플레이에서 예측되는 주행 거리(야드 수)를 산출할 수 있다. 이런 식으로 AI 코치는 인간 코치에게 여러 가능성 있는 플레이의 선택지를 제안하고, 각각의 성공 확률을 제공할 수 있다.

아마추어 선수를 위한 기술

처음에는 엘리트 선수 시장을 겨냥하여 맞춤형으로 개발되었던 AI 기술이 지금은 모든 스포츠 종목에서 보급형으로 전환되어 일반 대중에게 판매되고 있다. 코로나-19 팬데믹 기간 동안 특히 웨어러블 기기나 홈트레이닝 기술이 인기를 끌었는데, 이는 사람들이 사회적인 방식을 유지하며, 동시에 방역적으로 보다 안전한 방식으로 운동을 통

---

*저자들과의 회의 중 티에리 게르츠의 발언. 상세 내용은 Thierry Geerts의 저서 『Homo Digitalis: Hoe digitalisering ons meer mens maakt』(Dutch Edition)에서 확인 요망. (영문판 『How digitization makes us more human』)

해 다른 사람과 연결될 수 있게 해 주었기 때문이다. 웨어러블 기기 회사들은 자사의 앱을 통해 기록되는 사람들의 운동량 증가를 확인했으며, 이러한 앱을 이미 쓰고 있던 사용자 중 상당수는 자신의 운동량을 10% 이상 늘린 것으로 나타났다.*

한편, 결은 조금 다르지만, 아이폰에는 홈코트 농구(Home Court Basketball) 같은 앱이 들어 있다. 이 앱은 사용자가 슛과 같은 특정 '이벤트'(동작)를 수행하면 스마트폰 카메라를 통해 데이터를 수집한다. 사용자는 수집된 자신의 데이터를 가지고 NBA 프로 선수들이 제공한 유사 데이터와 비교하면서 혼자서 슛 동작을 연습할 수 있다. 수집된 모든 데이터는 홈코트 앱에서 설정한 목적에 따라 다양하게 재활용될 수 있다. 축구에서는 퍼펙트플레이(PerfectPlay)라는 앱이 이와 유사하다. 2021년 챔피언스 리그 우승 팀인 영국의 첼시 FC와 협력하여 개발된 이 앱은 축구 동호인을 위해 축구 훈련 서비스를 제공할 수 있다.

앞서 이야기한 것들보다 전문적인 수준의 훈련 프로그램은 컴퓨터 비전과 첨단 머신러닝 기능을 결합하여 개발되고 있는데, 이에 대하여 개발자들은 이렇게 설명한다.

> 첨단 머신러닝 기술은 인간 중심의 장면을 전체적으로 인식하고, 그 안에서 신체적, 인지적, 정서적 측면까지 포착할 수 있다. 따라서 이러한 능력을 가진 머신러닝 기술에 코치의 전문 지식을 결합한다

*https://www.sciencedirect.com/science/article/pii/S1389128621001651

면, 훈련생을 보는 즉시 분석하고, 실시간으로 개선 방안까지 제시하는 개인 맞춤형 피드백을 제공하는 AI 코치를 개발할 수 있을 것이다.*

다소 과장된 주장이라 생각할 수 있지만, 이는 모든 AI 프로그램이 확실히 지향하고 있는 목표이다.

이러한 기술 개발은 비엘리트 선수를 대상으로 이루어지지만 예상되는 상업적 성과는 결코 아마추어 수준에 머물지 않는다. 예를 들어, 2020년에 종합적인 운동 코칭을 위한 동작 분석 앱을 개발하는 머스타드사(Mustard)는 170만 달러라는 거액의 개발 자금을 유치했는데, 그중에는 주요 투자사 외에도 미식축구 리그(NFL)의 전설적인 쿼터백 드류 브리스와 야구 메이저 리그(MLB) 명예의 전당에 헌액된 놀란 라이언과 같은 선수들도 포함되어 있다. 머스타드사의 사업 모델은 모든 운동선수에게 엘리트 선수 수준의 코칭을 제공하겠다는 것이지만, 투자자의 면면에서 볼 수 있듯이 초기에는 야구 관련 앱 개발에 집중하고 있다. 방대한 생체 데이터베이스에서 추출한 데이터를 기반으로 한 온라인 학습 앱이 개발되면 모든 투수에게 수준에 상관없이 개인 맞춤형으로 제공될 것이다. 머스타드사의 앱은 컴퓨터 비전 시스템에 알고리즘이 결합되어 있어, 사용자의 스마트폰 카메라에서 얻은 영상만으로도 선수 개인별 경기 관련 생체역학적 요인을 평가할 수 있을 것으로 기대된다.

---

*https://www.calcalistech.com/ctech/articles/0,7340,L-3844814,00.html

7장 스포츠 경기와 AI

 어떤 스포츠에서든 경기를 준비하는 과정에서 AI의 역할이 중요하지만, 현재 AI에 대한 관심이 크게 높아진 주된 이유는 스포츠 경기 중 필드, 코트, 트랙 위에서 벌어지는 상황에 AI가 관여할 수 있는 역할 때문이다. 스포츠 분야에서 AI의 활용 가능성이 이렇게까지 높아진 것은 알고리즘 기술의 급속한 발전과 더불어 컴퓨터 연산 능력의 비약적 발전, 그리고 빅데이터로 대표되는 데이터 처리 용량의 폭발적인 증가 덕분이다. 특히, 데이터는 기존의 상대적으로 정체되어 있던 분야에 새로운 활력을 불어넣는 데 핵심적인 역할을 하고 있다. 예를 들면, 스포츠 분석 분야에서 데이터 수집과 분류를 전담하는 회사들이 급증하는 것에서 이를 확인할 수 있다.

데이터의 전통적인 유형은 정보의 세분화 정도와 정보 내용의 수준에 따라 매우 다양하게 나타난다. 예를 들어, 축구 경기의 데이터 유형은 이벤트 스트림 데이터(경기 중 패스나 슛처럼 공과 관련된 모든 사항을 정리한 데이터)와 트래킹 데이터(모든 선수와 공의 3D 위치를 고속 프레임 영상으로 캡처한 데이터), 그리고 경기 내내 선수들의 상태(신체 방향, 관절 각도 등 추가 정보 포함)를 포착한 방송 영상과 전술 비디오 영상 자료까지 매우 다양하다.

오늘날 모든 스포츠는 중요하게 생각하든 아니든 머신러닝을 일상적으로 활용하고 있다. 앞서 언급했지만, 농구에서는 컴퓨터 비전과 머신러닝을 결합시키면 슛의 정확도, 코트 이동 속도, 수직 점프 높이, 공 던지기 속도, 그리고 그 밖의 공의 핸들링 기술 같은 요소에 대한 정확한 측정 지표를 제공할 수 있다. 더구나 코치는 선수의 신체에 부착하는 센서나 바디슈트 착용을 최소화하면서 선수들의 3D 생체역학 데이터를 확인할 수 있다. 크리켓에서는 공의 비행 속도뿐만 아니라 배트와의 충돌 시 속도와 접점 위치, 충돌 시 토크, 그 결과로 생성되는 샷의 효율성까지도 측정할 수 있다.

앞서 이야기한 '이벤트 스트림 데이터'(event stream data)에는 경기 중 축구공과 관련돼 일어나는 주요 상황들에 대하여 타임스탬프(time-stamps)*가 관련 주석과 함께 달려 있어, 모든 코치에게 유용한 지식으로 활용될 수 있다. — 물론 이는 데이터를 제대로 해석하고 적용할 능력이 있는 경우에만 가능하다. 마찬가지로, 고속 프레

---

*경기 중 주요 상황들에 대해 타임라인에 따라 사건의 실제 발생 시간을 표시하는 행위 또는 그 기록을 말한다.

임 영상 촬영 기술을 활용한 '트래킹 데이터'(tracking data)에서는 모든 선수와 공의 위치를 XYZ 좌표로 정밀하게 제공한다. 축구 통계 처리 기법 가운데 비교적 최근에 알려진 개념으로, 벨기에의 루벤대학과 스포츠 데이터 분석 기업인 사이스포츠사(SciSports, 네덜란드 엔스헤데 소재) 연구진이 공동 개발한 VAEP(Valuing Actions by Estimating Probabilities, 추정 확률 기반 행동 가치 평가)라는 것이 있다. 이 개념은 경기에서 선수의 공격과 수비 기여도를 종합적으로 분석하여 선수 개인별 행동이 경기 결과에 어떻게 영향을 미치는지 평가하려는 것이다. VAEP 모델은 이를 위해 경기 중 공과 관련된 모든 동작을 — 예를 들어 슛, 패스, 드리블, 태클 등의 동작을 — 일일이 빠짐없이 분석하여, 경기당 자그마치 평균 2,000회에 이르는 동작이 경기 결과에 미친 영향을 종합적으로 평가한다.

이 책을 쓰고 있는 우리 저자들은 이 평가 시스템을 활용한다면 프로 스포츠 리그의 유망 선수 영입 과정에서도 기존의 머니볼 모델처럼 숨겨진 가치를 발견할 수 있을 것이라고 주장한다. 예를 들어, 한 논문에 따르면, 2019년 프로 축구 시장에서 마커스 래시포드와 우스망 뎀벨레는 가장 높은 평가를 받는 선수들이었다.

반면에, 조금 덜 알려진 선수인 존조 케니는 4위로 랭크되었음에도 시장의 추정 가치가 앞의 두 선수에 비해 훨씬 낮았는데, 그 이유는 크게 두 가지였다. 첫째, 케니는 수비수였기에 축구 클럽과 팬들로부터 공격수보다 대체로 낮게 평가되고 있었다. 둘째, 케니는 영국 프리미어 리그의 중위권 팀인 에버턴 소속이어서 월드 클래스 선수들과 함께 뛸 기회가 상대적으로 많지 않았다. 그럼에도 VAEP 시스템을 활용한 선수 평점은 당시 그에 대한 시장 추정 가치인 500만 유로보다 훨씬 높은 평가를 내리고 있었다.*

사이스포츠사의 입장에서 보면 케니는 래시포드나 뎀벨레보다 훨씬 높은 가치를 지닌 선수였기 때문이다. 하지만 안타깝게도 기존 선수 이적 시장에도 나름대로 타당한 논리가 있었기에 케니는 원래 시장 추정 가치인 500만 유로에 이적이 성사되었다. 그럼에도 불구하고 VAEP 모델은 여전히 큰 의미를 지니고 있는데, 이는 전적으로 머신러닝과 방대한 데이터의 결합이 가져올 엄청난 성과에 대한 기대감 때문이다.

한편, 최근에 또 다른 발전이 이루어졌는데, 바로 맥락화 이벤트 스트림 데이터(contextualized event stream data, 이벤트 스트림 데이터에 부분적으로 트래킹 데이터를 결합한 데이터 형태)라는 것이다. AI 프로그램은 방대하고 복잡한 데이터 세트를 기반으로 완전 또는 반자동 학습을 통해 분류, 강화 학습, 패턴 인식 및 네트워크 분석을 수행할 수 있다. 하지만 이러한 프로그램들에도 한계가 없는 것은 아니다. 예를 들어, VAEP 모델이 축구에서 보여주듯이, 경기 중 선수들의 동작에서 나오는 거의 무한한 상황들을 완전히 맥락화하고, 더구나 각 선

---

*Actions Speak Louder than Goals: Valuing Player Actions in Soccer (arxiv.org).

수의 행동에 일일이 가치를 부여하는 것은 극히 어려운 일이다. 또한, 앞서 언급한 예측 모델링 및 네트워크 분석 기법이 있음에도 불구하고, 공간의 가치와 활용법을 측정하거나, 역패스, 페이크 러닝, 시선 속임 같은 다양한 기만 전술까지 계량화한다는 것은 여전히 너무 어렵다.

이러한 한계를 보완하기 위해 개발된 것이 '오프 더 볼 득점 기회'로 불리는 OBSO(Off-the-Ball Scoring Opportunity) 모델이다. OBSO 모델은 축구 경기에서 잘 드러나지 않고 간과되기 쉬운 '보이지 않는' 상황, 예컨대 공을 패스받는 순간 선수가 득점 가능성이 높은 위치에 있는지와 같은 위치 선정 능력을 평가한다. 즉, 공과의 실제 접촉 여부와 관계없이, 선수가 적절한 시간에 적절한 위치에 있었다면 그 공헌도를 인정받도록 설계된 것이다. 따라서 이 모델을 제대로 적용한다면

> 경기 중 중요한 기회를 포착하거나 분석할 수 있으며… 상대 팀 분석에 활용하여 경기장에서 특정 선수나 팀 전체가 오프 더 볼 상황에서 득점 기회를 창출할 수 있는 공간을 쉽게 파악하도록 돕고… 나아가 리그 전체에서 OBSO 기회를 가장 효과적으로 만드는 선수를 찾아 자동화된 방식으로 팀의 인재 영입 작업에 기여할 수 있다.*

그러나 이러한 혁신적인 모델에도 불구하고 몇 가지 의문이 곧바

---

*https://www.google.com/url?q=https://dl.acm.org/doi/10.1145/3292500.3330758&sa=D&-source=editors&ust=1622720253000&usg=AOvVaw3TtunutIpC1sVXkBux0UEd

로 제기되었다. 예를 들어, '선수가 도달한 그 공간은 과연 어떻게 만들어진 것인가?'라는 질문이 대표적이다. 이에 바르셀로나 이노베이션 허브(Barcelona Innovation Hub)는 축구에서 공간의 생성과 활용*이라는 주제로 이 핵심 요소를 모델링하려는 시도를 진행했다. 이 보고서를 작성한 연구원들은 고도화된 머신러닝의 가치를 다음과 같이 밝히고 있다.

*공간 역학에 대한 자동화된 정량 분석을 통해 얻을 수 있는 상세 결과는 단순히 관찰 분석을 통해 얻을 수 있는 수준을 훨씬 뛰어넘는다. 특히 공간 점유와 공간 생성 능력을 평가하는 기술은 오프 더 볼 상황에서 나타나는 선수 움직임에 대한 새로운 연구 가능성을 열어줄 뿐만 아니라, 특정 경기나 상황에 직접 적용할 수 있으며, 코치진의 분석 과정과도 바로 연계될 수 있다.***

물론, 테니스나 복싱처럼 1 대 1로 맞붙는 스포츠에서는 첨단 기술 적용이 훨씬 수월하다. 예를 들어, 복싱의 경우 센서를 넣은 글러브를 활용하면 생체 데이터나 컴퓨터 비전 데이터를 보완하여 AI 기반 머신러닝 기능을 강화할 수 있다. 글러브 속 센서에는 가속도계와 자이로스코프 같은 기술이 포함되는데, 펀치를 내지르는 속도와 회수하는 속도, 타격 시 충격량, 펀치의 횟수, 심지어 유효

---

*Wide Open Spaces: A statistical technique for measuring space creation in professional soccer. Javier Fernandez F.C. Barcelona javier.fernandez@fcbarcelona.cat; Luke Bornn Simon Fraser University, Sacramento Kings lbornn@sfu.ca
**상동

타격 여부까지 포함해 복싱의 주요 요소에 대해 초당 최대 40,000개의 데이터를 수집하고 분류할 수 있다.

프랑스 국립 체육 연구소(INSEP: Institut National du Sport, de l'Expertise et de la Performance)의 산하 기관으로 파리에 소재한 스포츠 전문 기술 및 수행 연구소(Sports, Expertise and Performance Lab)와 영국의 리버풀존무어스대학 스포츠·운동과학 연구소(Research Institute for Sport and Exercise Sciences)는 복싱에 대한 공동 연구를 진행하며, 각 선수에게 17개의 관성 측정 장치(IMU: inertial measurement units)를 부착한 후 세 가지 주요 펀치(스트레이트, 훅, 어퍼컷)를 구사하도록 했다. IMU 센서는 펀치의 직선 속도, 안정성, 힘을 추적 및 계산할 수 있는 기술이다. 그 결과, 코치와 생체역학 분석가는 펀치를 구사할 때 관절의 기여도, 즉 선수가 펀치를 날리는 데 각 관절을 얼마나 활용하는지를 분석할 수 있었다. 나아가 펀치를 구사하는 동안 발의 위치를 상대적으로 어떻게 활용하는지를 비교할 수 있었다. 연구진은 그 결과를 다음과 같이 요약했다.

연구 결과는 복싱 유망주 발굴, 장기적인 추적 관찰, 그리고 선수 훈련 과정에 참여하는 실무자에게 중요한 시사점을 제공한다.*

이러한 프로그램은 AI 활용을 통해 선수를 학습시킬 뿐만 아니

---

*Frontiers in Sports Act, Living, 26 November 2020 I https://doi.org/10.3389/fspor.2020.598861; Biomechanical Analysis of the Cross, Hook, and Uppercut in Junior vs. Elite Boxers: Implications for Training and Talent Identification by Daniel Dinu and Julien Louis.

라, 수집된 데이터를 다른 선수들과 용이하게 비교하며, 특히 향후 대결 가능성이 높은 상대 선수와 구체적으로 비교·분석할 수 있다. 한편, 이러한 기술은 봇 복서(Bot Boxer)*같은 AI 기반 훈련 로봇 시장의 발전에도 기여하고 있는데, 이 멋진 AI 펀칭백은 코비드-19 팬데믹과 같은 상황에서 인간 코치 없이도 선수 훈련에 활용할 수 있다.

스포츠 분야에서 AI를 활용한 웨어러블 기술은 이제 거의 필수가 되고 있다. 예전에는 특별히 생체 연구를 통해 데이터를 캡처하려면 경기 후 비디오를 확인하거나 실험실 같은 곳에서만 가능했기 때문에 여러 가지 제약이 따랐다. 하지만 웨어러블 기술을 활용하면 사후 데이터 확인이나 실험실 환경에 구애받지 않고 데이터를 수집하여 이를 실시간으로 전송할 수 있다.

오늘날 대부분 스포츠 종목에서는 GPS(Golbal Positioning System, 인공위성 위치 확인 시스템) 기술을 활용해 운동 중 에너지 소모량과 이동 거리, 속도 등을 바로바로 측정할 수 있다. 앞서서도 말했던 센서는 선수의 헬멧과 마우스가드에 심어서 머리가 받는 충격의 가속과 감속 정도를 측정해 뇌진탕 여부를 모니터할 수도 있다. 따라서 AI 기술은 기존에는 좀처럼 얻기 어려웠던 데이터도 쉽게 확보하게 해 주었고, 우리 신체 모든 부위의 움직임에 대해 데이터를 수집하게 해 주었다. 예를 들어, 귀, 가슴, 손목, 허리, 허벅지, 머리, 팔, 대퇴사두근, 발목, 발바닥은 물론 심지어 신발을 통해서도 데이터

*https://botboxer.com/

를 얻을 수 있게 해 주었다.

일찍이 2012년, 나이키사는 AI 기술을 활용한 스마트 운동화를 출시했다. 이 운동화는 걸음 수는 물론, 각 발이 지면에서 떨어져 있는 시간과 함께 다시 발이 지면에 닿는 시간과 위치를 측정하는 기능을 가지고 있었다. 그리고 보다 나중에 출시된 나이키사의 스마트 운동화인 베이포플라이(Vaporfly)는 기술적 도핑이라는 논란까지 불러왔는데, 이는 2008년 스피도사의 하이테크 수영복 LZR 레이서의 논란과 매우 흡사하다. 예상했겠지만, 두 가지 기술은 큰 성공을 거두며 많은 세계 신기록을 쏟아내자 논란과 비판을 불러왔다.

실시간 측정 방식의 진화

어떤 스포츠이든지 간에 유용한 데이터를 실시간으로 활용하는 능력은 크게 발전하여 경기 중 코치, 선수, 심판이 즉각적으로 의사 결정을 내리는 데 많은 도움을 주고 있다. 호크아이(HawkEye)라고 부르는 기술은 20년 전 크리켓 경기에서 처음 도입되었는데, 현재는 엘리트 스포츠 수준의 경기에서는 거의 보편화된 기술이다. 일반 아마추어가 쓸 수 있는 버전으로는 In/Out이 있는데, 고프로(GoPro) 카메라처럼 생긴 이 장치는 자율 주행 자동차에 쓰이는 것과 유사한 알고리즘으로 작동된다. 그 밖에도 이미 활용 중인 시스템 중에는 무선 신호로 경주의 시작과 종료 시점을 ±0.00004초의 정밀도로 측정하는 실시간 추적 기술이 있다.

실시간 추적 기술은 무선 라디오 시스템과 GPS 기술을 탑재한 웨어러블 기기(예컨대, 선수의 조끼 또는 추적 태그)와 연계되면서 점점 널리 활용되고 있다. 이상적으로는 방송용 비디오 영상을 통해 선수들을 직접 추적하는 방식이 기술의 대중화를 이끌고 있는데, 이는 이런 영상이 거의 모든 프로 스포츠 경기에 활용될 수 있고, 별도의 맞춤형 센서 모듈을 사용하지 않아도 되기 때문이다.

크리켓 경기에서는 배트에 삽입된 센서를 통해 생성되는 데이터만으로도 수집할 수 있는 정보가 충분하며, 이는 놀랍게도 선수와 코치의 교육에 적절히 활용될 수 있다. 예를 들어, AI 기술은 배트와 공의 접촉 시 배트의 속도를 측정하여 타격의 위력을 분석할 수 있고, 배트가 휘둘리는 정도를 통해, 즉 공이 배트에 맞는 순간 배트의 회전 각도를 바탕으로 타자가 공을 타격할 때 의도한 방향과 실제 방향 간의 차이를 결정할 수 있다. 아울러 공이 배트와 접촉하는 위치를 통해, 공에 대한 배트의 가장 이상적인 타격 지점이라 불리는 '스위트 스팟'(sweet spot)에서의 상대적인 거리를 측정할 수 있다. 그 밖에도 배트의 스윙 각도를 통해 타격 전 배트를 뒤로 빼는 동작인 백리프트(backlift) 각도, 배트 면의 각도, 배트를 아래로 내리는 동작인 다운스윙 각도, 공이 배트를 떠나는 이탈 각도, 그리고 타격 직후 배트의 움직임을 나타내는 팔로 스로(follow-through) 각도 같은 다양한 요소들을 측정할 수 있다.

미국 내셔널 하키 리그(NHL, 미국 아이스하키 리그)에서는 아예 리그 자체가 모든 아이스하키 팀이 실시간 데이터를 활용할 수 있도록 하자는 움직임을 주도했다. 당시(2017년) 아이스하키 리그의 비즈니스 개발 및 혁신 부문 부사장이었던 데이브 르한스키(Dave Lehanski)에 따르면, 그와 같은 변화의 추진력은 코치와 단장들에게서 비롯된 것이라면서, 이들은 경기 중에도 보다 즉각적이면서 스마트한 방식으로 데이터 접근과 분석에 접근하길 원했다고 말했다.

그 사람들은 오랫동안 경기 전후의 데이터를 활용해 팀의 경기력을 분석하고, 선수를 평가하며, 스카우트와 트레이드 작업을 수행해 왔습니다. 그러다 보니 경기 중에도 데이터를 활용하려는 생각이 점점 강해졌습니다.*

르한스키는 이어서 이렇게 덧붙였다.

지금은 코치들이 매 시즌 모든 경기가 진행되는 동안 벤치에 앉아서 아이패드 프로(iPad Pro)로 실시간 데이터와 분석 결과를 받아보고 있어요…. 우리는 그런 데이터를 몇 초면 제공할 수 있는데, 말 그대로 선수들은 링크에서 벗어나자마자 아이패드를 들고 조금 전에 벌어진 상황을 확인하고, 자신의 경기 수행 능력에 대해 즉각적으로 피드백을 받을 수 있습니다.

*How the NHL is planning on using data analytics to change the game for everyone I ZDNet.

하지만 아이스하키 리그에서는 다른 스포츠 리그와 다르게 접근했는데, 각 팀이 데이터를 서로 다른 방식으로 활용하게 허용하는 대신에 팀 간의 전력이 공정하게 균형을 유지하도록 하는 방식을 모색했다.

모든 팀이 동일한 유형의 데이터와 동일한 솔루션에 공평하게 접근할 수 있도록 했습니다.

이처럼 프로든 아마추어든 관계없이 선수 개인과 팀, 코치들이 웨어러블 기술을 폭넓게 활용하게 된 데에는 코로나-19 팬데믹의 영향이 적지 않다. 실제로 팬데믹 기간 동안 피트니스 앱의 다운로드 수는 약 60%나 증가했다. 이처럼 AI 기술의 대중화는 스포츠 산업에서 투자 수익을 창출하는 동시에 연구 자금의 지속적인 확보를 가능하게 하는 핵심적인 기능을 하고 있다.

AI와 전술 융합

AI가 불연속적인 이벤트(사건)들로부터 학습하는 데 있어 점점 뛰어난 성능을 보이고 있지만, 전략을 개발하고 예측하며 실행하는 일은 또 다른 차원의 복잡성을 수반한다. 예를 들어, 도로 사이클 경주에서는 각 팀이 사용하는 통신 채널이 마치 대규모 물류 작전을 차질 없이 뒷받침하듯이, 단순히 도로 표면 상태 같은 정보를 실시간으로 공유하는 데 그치지 않고, 경기 도중 전략을 수정하고 새로운 전술 개발까지 가능할 정도로 정교해야 한다.

세계 3대 도로 사이클 경주의 하나인 투르 드 프랑스(Tour de France) 대회에서는 각 팀의 운영진이 8명의 선수와 소통해야 하는데, 참가 팀 수는 최대 25개에 이를 수 있다. 대회의 기본적인 운영 절차에 따라, 각 팀은 고유한 무선 주파수를 배정받는데, 이는 경쟁 팀 간의 통신 내용을 서로 엿듣지 못하게 하려는 조처다. 하지만 오늘날의 해킹 기술을 고려해 본다면, 이러한 주파수 배정 과정은 과거처럼 그리 간단한 문제가 아닐 수 있다.

물론 이 문제가 해결된다손 치더라도, 도로 위를 함께 움직이는 팀의 지원 차량, 대회 주최 측의 차량, 언론사 중계용 오토바이들과의 통신 문제는 여전히 남아 있다. 여기에 더하여, 경기 중 선수들이, 특히 산악 구간에서는 수킬로미터씩 서로 거리가 벌어져 달리는 상황이 발생하기 때문에 통신 시스템이 완벽하게 작동하는 것이야말로 대회의 성공을 좌우하는 핵심 요소라고 할 수 있다.

프랑스 국립 과학연구 센터 연구원 장-프랑수아 미뇨(Jean-François Mignot)는 그의 논문에서 최고의 선수들이 겨루는 도로 사이클 경주 전략에 대해 흥미로운 분석을 제시하고 있다.

사이클 선수들 사이에 이루어지는 전략적인 상호 작용은 사실 인간 사회 전반에서 볼 수 있는 다양한 상호 작용과 논리적으로 동일한 구조를 가진다. 자전거 경주라는 큰 게임 안에는 여러 형태의 하위 게임이 존재하는데, 그중에는 2명 간 또는 2팀 간의 경합 게임이 있으며, 세 명(팀) 이상이 참여해 연합을 형성할 수 있는 다자간 게임도 있다. 이러한 게임은 제로섬 게임일 수도 있고 비제로섬 게임일 수도 있어, 부분적으로 이해 관계가 충돌하기도 하며, 잠재적으로는 상호 이익을 추구하는 협력 관계로 발전하기도 한다. 또한, 이 게임은 동시에 진행될 수도, 순차적으로 진행될 수도 있어, 참가자들 간에 신뢰 또는 불신, 충성심 또는 배신과 같은 관계가 형성되기도 한다. 정보가 모두 공개된 상태에서 진행되는 완전 정보 게임일 수도, 일부 정보만 주어진 불완전 정보 게임일 수도 있기 때문에 선수들은 서로를 견제하거나, 잘 보이지 않는 특성의 신호를 활용하거나, 때로는 허세와 기만 전략을 활용할 수도 있다.*

축구에서 나타나는 복잡성 문제와 마찬가지로, 도로 사이클 경주의 복잡성 문제 역시 게임 이론 연구의 훌륭한 시험대이다. 사실상 수영에서 경영이나 육상에서 단거리 트랙 경기보다, 심지어 복싱, 펜싱, 태권도, 테니스와 같은 전형적인 제로섬 게임보다 더 좋은 실험 대상이다. 예를 들어, 바람의 저항을 줄이는 슬립스트림 전략을 활용한다면 언제 시도할지, 산악 구간 혹은 평지 구간에서라면 언제 치고 나갈지, 나아가 전체 경기 흐름을 볼 때 어느 구간에서 치고 나가는 게 최선인지를 결정해야 하는데, 그 과정이 너무나 복잡

---

*Jean-François Mignot, Strategic behaviour in road cycling competitions, The Economics of Professional Road Cycling, pp. 207-31, 2016.

하기 때문이다. 마찬가지로 선두 그룹(breakaway)을 형성한 상황에서 다른 선수와 언제까지 협력할 것인지, 아니면 펠로톤(peloton)이라고 부르는 주류 그룹에서 계속 머무를 것인지, 또는 어떤 식으로든 협력이나 경쟁 전략을 수정해야 하는지 결정을 내려야 한다. 또한, 다수의 선수들이 얽힌 상황에서 일어나는 상호 작용까지도 고려해야 하는데, '누구의 손을 잡고, 누구와 대결해야 하는지?'를 판단해야 한다.

언제, 어디서, 어떻게 치고 나갈지는 또 하나의 중요한 전략적 결정을 요구한다. 지금까지의 모든 설명은 선수가 우승을 목표로 질주한다는 가정 아래 이루어진 것이지만 많은 선수가 페이스 메이커, 즉 전문 용어로는 '도메스티크'(domestiques) 또는 '그레가리'(gregary)로 불리는 역할로 참가하며, 그들의 임무는 오로지 팀리더가 승리하도록 돕는 데 있다. 이렇게 전략적 선택의 가능성이 다양하다는 점은 AI의 역량을 발전시키는 데 중요한 도전이자 동시에 다양한 기회를 제공한다. 머신러닝 기술을 활용하면, 과거의 전략과 그 성공률을 학습 목표로 삼아 예측 모델을 훈련시킬 수 있으며, 이를 통해 다양하면서도 유효한 전략적 제안들을 샘플링할 수 있다. 그리고 이 예측 모델은 팀 관리자가 고려할 수 있는 여러 전략적 대안을 생성하고, 팀에서 각 대안을 채택할 때를 기준으로 대안별로 예상 순위를 매긴다. 물론 이상적으로는 이 모든 과정이 의사 결정권을 가진 인간이 이해할 수 있는 방식으로 이루어져야 한다. — 그리고 어쩌면 이것이야말로 AI가 넘어야 할 가장 큰 장애물이 될 것이다.

AI 시대의 심판 판정

스포츠에서 종종 간과되는 측면의 하나가 바로 심판의 판정 방식이다. 경기에서 판정을 강화하고 규칙을 세밀하게 조정하는 일은 경기의 미적 완성도와 흥행성 양쪽을 위해 필수적이다. 오늘날 100미터 달리기 결승 기록을 천 분의 1초 단위까지 측정할 수 있게 된 것처럼, 축구에서도 VAR(비디오 판독 시스템, Virtual Assistant Referee)를 통해 인간 심판의 판정을 지원할 수 있게 되었다. 비록 2018년 처음 도입 당시에는 다소 시행착오가 있었지만, VAR는 이제 축구의 중요한 일부로 자리 잡았으며, 특히 논란 많던 오프사이드 판정 기술도 점차 개선되고 있다.

FIFA 인증을 받은 가상 오프사이드 라인(VOL, virtual offside line) 시스템은 이미 반자동화 단계를 거쳐 완전 자동화 단계로 나아가고 있다. 이 시스템이 완성되면, 현재 사용하는 골라인 판정 기술에서처럼 웨어러블 기기를 통해 심판에게 즉각적으로 판정 결과가 전달될 것이다. 하지만 오프사이드 판정의 자동화에서 가장 큰 난관은 패스를 시도하는 선수가 공에 발을 대는 순간과 오프사이드로 의심되는 다른 선수의 위치를 정확하게 일치시키는 것으로, 이 문제는 현재 AI 연구진이 집중적으로 해결하고자 하는 과제이다.

현재 테스트를 진행 중인 기술은 센서나 비디오 데이터를 통해 얻은 트래킹 데이터를 활용하여 선수의 위치를 정확하게 판별하는 방식이다. 오프사이드를 범한 것으로 보이는 선수의 위치를 정확하게 판단하려면, 문제는 AI 프로그램이 관련 선수의 각 신체 부위를 정확하게 식별할 수 있어야 하는데, 이는 규칙을 정하는 기관에서 그 기준에 동의하는 것을 전제로 한다. 따라서 동의만 이루어진다면, AI 기술은 알고리즘을 통해 오프사이드를 위반한 선수의 신체 부위와 함께 위반 거리를 계산하여 제공할 수 있다. 다만, 국제축구평의회(IFAB)의 규정에 따르면, 이 시스템은 오프사이드에 대한 자료만 제공할 뿐 판정 권한은 없음을 명확히 하고 있다.

목표는 골라인 판정 기술과 유사한 지원 시스템을 개발하는 것으로, 오프사이드 판정을 내리는 것이 아니라, 심판에게 즉각적으로 오프사이드 증거를 제시하는 것이다.*

최근 유럽 축구 선수권 대회에서 판정 시스템의 성공적인 활용을 통해 최상의 시스템은 인간과 기계의 협력 속에서 이루어진다는 점을 증명했다.

심판을 지원하는 자동화 기술이 점차 허용되고 실제로 활용되면서, 더 많은 혁신이 속속 일어나고 있는데, 이는 기술의 발전 과정

---

*https://www.fifa.com/who-we-are/news/fifa-organises-remote-demonstration-of-advanced-offside-technology

에서 흔히 나타나는 일이다. 예를 들어, 인조 잔디나 하드 코트 같은 인공 재질 운동장은 초기 도입 당시 처참한 실패를 겪어 아이디어 자체가 거부되었는데, 그로 인해 보편적으로 사용되기까지는 매우 오랜 시간이 걸렸다. 인간 심판에 비교할 때, AI와 머신러닝으로부터 얻을 수 있는 장점도 매우 막강하지만, 종종 저항에 부딪치면서 이처럼 도입이 지연되기도 한다. 그러나 궁극적으로는 도입이 불가피할 것이다.

인생의 중요한 결정을 기계에 맡긴다는 데 대한 인간의 본능적인 거부감은 자동 비행 운항 장치나 자율 주행 자동차 같은 사례에서 이미 잘 드러나 있는데, 스포츠처럼 인간이 열정을 쏟는 중요한 문화 활동에서도 마찬가지이다. 적절히 훈련된 자동화 시스템은 쉬는 날이 필요 없고, '사각 지대'나 주의력 한계에 영향을 받지 않으며, 지속적으로 업그레이드될 수 있어 체력 저하나 노화 문제가 생기지 않는다.

물론 이 과정에서 자연스럽게 기계에 대한 '적절한 훈련'이란 무엇일까라는 질문이 따라온다. 특히, 부적절하게 훈련된 AI 시스템이 스포츠 분야나 다른 분야에 투입될 경우, 편향된 결정을 내릴 수 있고, 결과적으로 사용자 일부에게 부정적이거나 과도한 충격을 줄 수 있다는 다양한 사례를 고려하면, 질문은 더욱 중요하게 다가온다.

이상적이라면, 자동화 시스템은 심판의 판정이 선수와 팀, 팬들에게 공정하게 보이도록 할 뿐만 아니라 모든 경기에서 일관성을 유지하도록 도와야 하며, 그런 점에서 전 세계 모두가 동일한 기준 아래에서 평가받을 수 있어야 한다. 이는 특히 체조, 피겨 스케이팅, 다이빙, 싱크로나이즈드 스위밍과 같이 다소 주관적인 평가가 이루어지는 스포츠에서 매우 중요한데, 이러한 종목들에서는 심미성이 핵심 요소로 작용하기 때문이다.

물론, 더 정확한 판정 기술이 도입되면 경기 자체의 역동성마저 달라질 수 있음을 인식할 필요가 있다. 예를 들어, 규칙이 더 엄격하게 적용되면 선수들의 움직임 전술이 달라질 수 있을 뿐만 아니라, 시뮬레이션 동작(헐리우드 액션)이나 선수와 심판 사이에 벌어지는 언쟁 같은 심리전도, 잘 훈련된 자동화 시스템이 반박할 수 없는 객관적인 증거를 제시하면서 점차 사라질 가능성이 크다. 이러한 변화는 경기 스타일에 있어 전술적 변화로까지 이어질 수 있다. 실제로, 영국 프로 축구 팀 브렌트포드가 AI 기반 분석에 의존해 성공을 거둔 사례처럼 이를 모방한 유사한 스타일의 변화가 유행할 수도 있다.

새로운 규칙이나 보다 강화된 규칙은 언제나 더 정교하고 정보에 기반한 전술의 발전으로 이어져, 기존의 판정 시스템이 인간이든 기계이든 관계없이 이를 무력화시키려 시도한다. 여기에는 스포츠 베팅 산업의 공격도 예외가 아니다. 배구 종목에서는 비디오체크(VideoCheck)라는 기술을 통해 고속 카메라에서 추출한 데이터를 바탕으로 파울과 반칙을 감지하고, 이를 즉각적으로 심판에게 전달하고 있다. 브라질 배구 연맹(CBV)은 스포츠 데이터 기술 분야의 선두 업체인 지니어스스포츠사(Genius Sports)와 계약을 체결하여, 해당 회사가 배구 경기 관련 공식 데이터를 수집 및 유통할 독점적인 권리를 보유하게 되었으며, 이와 동시에 경기의 공정성을 감시하고, 경기 조작과 데이터 도용에 대비한다는 목적하에 데이터의 공식적 활용 전략도 함께 수행할 권한을 가지게 되었다. 이러한 맥락에서 지니어스스포츠사는 자사의 스포츠 베팅 모니터링 시스템을 통해, CBV가 주관하는 모든 배구 경기를 대상으로 전 세계 스포츠 베팅 시장에 관련 정보를 제공하고 있다. 이는 지니어스스포츠사가 CBV의 공식 데이터에 대한 독점적 접근권을 확보하고 있기 때문에 가능한 일이다.

다소 주관적인 판정이 이루어지는 스포츠 종목인 체조에서는 최근 몇 년간 일본의 후지쯔사(Fujitsu)와의 협력 사업을 통해 큰 진전이 있었다. 후지쯔사에서 AI와 3D 센서 기술을 활용해 체조 경기 판정을 지원하는 시스템을 개발해 냈기 때문이다.

'판정 보조 시스템'(Judging Support System)이라 불리는 이 기술은 AI와 3D 센서를 활용해 체조 선수의 동작을 포착하고 이를 수치 데이터로 분석하는 방식으로 작동하는데, 주로 고난도 동작의 점수를 검증하는 데 활용된다. 이 시스템은 현재까지 체조 심판들이 20년간 이상 사용해 온 표준 비디오 판독 시스템인 IRCOS(Instant

Replay and Control System)와 함께 운영된다.

이 새로운 시스템에서는 선수의 동작을 3D 영상으로 구현할 수 있어, 다양한 각도에서 시선을 조절함으로써 고난도 기술 수행 시 요구되는 신체 각도 계산에서 생길 수 있는 심판의 부정확한 판단을 보완할 수 있다(그림 7.1 참조).

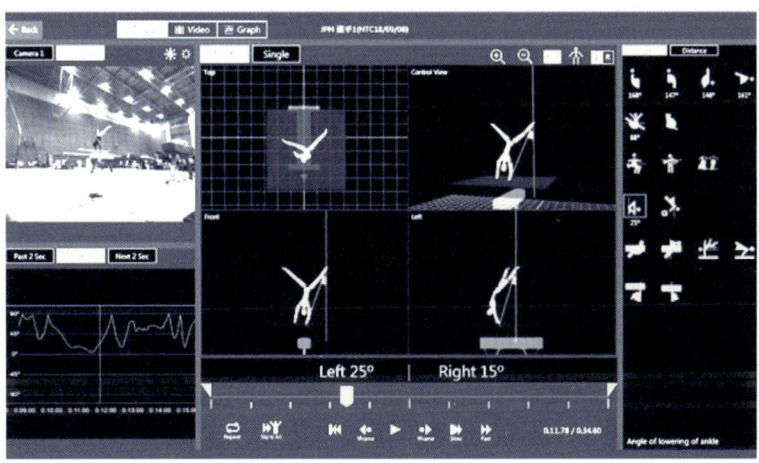

그림 7.1 후지쯔 심사 지원 시스템 스크린샷(이미지 출처: Fujitsu)

이 판정 보조 시스템에 대해 국제 체조 연맹(FIG) 회장 와타나베 모리나리는 이렇게 말한다.

> 우리가 늘 염두에 두어야 할 존재는 체조 선수들인데… 판정 논란은 이제 과거의 일이 되어야 하며, 후지쯔사가 우리와 함께 개발한 이 기술은 판정 신뢰성을 크게 향상시켜 줄 겁니다.*

*세계 체조 선수권 대회에서 선정된 후지쯔사의 AI 체조 심판 지원 시스템(출처: ZDNet). for an interesting article on the views of participants in elite gymnastics go to – Computerised gymnastics judging scoring system implementation – an exploration of stakeholders' perceptions – University of Salford Institutional Repository, A. Fenton et al.

물론, 이러한 기술은 체조 심판들에게 사실 관계의 판단에 대해서는 지금보다 훨씬 일관성을 부여하겠지만, 체조라는 스포츠의 특성상 스타일과 심미성에 관한 중요한 판정 요소들은 여전히 인간 심판의 판정 영역에 남아 있을 수밖에 없다.

8장 스포츠 환경과 AI

데이터 수집의 과제

어떤 일이든 현대화 과정에는 장애물이 따르기 마련이다. 선수들이 느끼는 프라이버시와 건강 문제에 대한 우려도 그중 하나이다. 모든 데이터가 그렇듯, 그 데이터가 어떻게 사용될지에 대한 걱정이 따른다. 예를 들어, 선수들의 경기력 관련 데이터는 에이전트나 구단이 이를 악용해 급여나 기간 또는 훈련 같은 계약 조건 협상에 영향을 미칠 수 있다.

또한, 데이터가 지나치게 분산되어 있을 경우. 이를 실제로 활용하고자 할 때 구조적인 측면에서 큰 어려움이 발생할 수 있다. 이와 관련하여 미국 프로 농구 샌안토니오 스퍼스 구단의 CEO인 R.

C. 버포드는 저자들과의 인터뷰를 통해 이렇게 말한다.

> 우리는 이 모든 데이터를 무려 100여 군데에 분산해 보관하고 있고, 누구나 자신이 필요한 데이터를 가졌다고 말합니다. 하지만 정말 그 데이터를 제대로 가지고 있는 게 맞을까요? 아니면 그저 5개나 10개의 서로 다른 장소에 뿌려놓은 건 아닐까요? 결국 이는 구조적인 문제예요…. 정보 시스템이 너무 많아 서로 소통이 이루어지지 못하고 있죠. 따라서 우리가 원하는 답을 얻으려면 그에 맞는 질문을 던져야 하는데, 시스템이 먼저 다가와 우리가 묻지도 않은 질문을 알려 주기를 기대할 수는 없죠.

현재의 데이터 수집 방식에는 비용이 많이 든다. (결과적으로 머신러닝을 활용해 데이터를 자동 수집하는 방식에 대한 필요성이 커지고 있다.) 한편, 데이터의 소유권과 접근성 역시 문제가 될 수 있는데, 특히 학자나 연구자에게는 부담이 크다. 이러한 문제를 해결하기 위한 방안의 하나로, 미국의 미식축구 선수협회인 NFLPA(National Football League Players Association)는 건강 관련 웨어러블 기기 업체인 훕사(WHOOP)와 계약을 맺고, WHOOP 기술로 수집되는 모든 개인 데이터는 선수 본인이 직접 소유권을 가지게 하였다. 이로써 선수들은 데이터의 소유권자로서 원한다면 언제든지 자신의 데이터를 활용해 수익을 창출할 수 있는 권리를 가지게 되었다.

---

*미국 보스턴에 본사를 둔 기업으로, WHOOP라는 밴드 형태의 웨어러블 디바이스를 출시하여 사용자에게 건강 관련 정보를 제공하고 있다.

이와 유사한 데이터 보호 문제는 인공지능(AI) 시스템이 스포츠 분야에서 선수의 스카우트, 코칭, 전술적 의사 결정 과정에 점점 깊숙이 활용됨에 따라 불가피하게 발생할 수밖에 없다. 이에 따라 유럽의 종합 정보 보호법(GDPR, General Data Protection Requlation)에서 다루고 있는 특정 법적 원칙도 명확히 해석할 필요가 있다. 예를 들면, 프라이버시 문제와 관련하여, 데이터의 정확성뿐만 아니라, 수집 및 활용의 최소화 원칙, 데이터 이동 과정에서의 투명성 확보 등이 갈수록 중요한 이슈로 부각되고 있다. 또한, NFLPA와 훕사(WHOOP) 간의 사례에서처럼, 어떤 데이터를 협상에 사용하도록 처리하려면 사전에 선수 개인의 동의가 필요한데, 이러한 협상이 결코 간단할 리 없다. 더욱이 건강 데이터처럼 민감한 범주에 속하는 데이터는 훨씬 엄격한 규제를 받기 때문에, 선수의 '명시적 동의'(explicit consent) 없이는 절대 활용이 허용되지 않을 것이다. 설령 선수의 동의를 얻는다고 하더라도, 관련 규정에 따라 지불해야 하는 비용은 조직에 상당한 부담으로 작용할 수 있다.

스포츠와 머니 게임

진정한 스포츠는 스포츠 산업과 분리해서 보아야 한다는 주장에는 그다지 설득력이 없어 보인다. 스포츠 산업을 움직이는 원동력은 결국 스포츠에 대한 사람들의 사랑과 열정에서 나오기 때문이다. 현재 세계 스포츠 시장의 규모는 약 4,000억 달러(한화로는 약 550

조 원)에 이르며, 2014년 이후 복합 연간 성장률(CAGR)로 따져 매년 거의 5%에 달하는 꾸준한 성장세를 유지하고 있다.* 코로나-19 이전에는 분석 기관마다 예측에 다소 차이는 있지만, 2022년까지 시장 규모가 6,000억 달러(약 850조 원)에 이를 것이라는 전망도 있었다. 이러한 점들을 고려하면, 스포츠 산업이 전 세계 GDP 성장률보다 빠르게 성장하고 있다는 사실은 분명해 보이다.

스포츠 산업의 가치 평가는 스포츠 경기 자체뿐만 아니라 다양한 상업적 영리 활동을 통해 얻는 수익을 포함하는데, 그러한 활동에는 케이터링 사업, 기념품 사업, 레플리카 유니폼 판매 사업, 초상권 사업, 대규모 건설 프로젝트, 그리고 가파르게 성장 중인 방송 사업 등이 모두 포함된다. 물론 여기에는 아직 스포츠 베팅 사업을 포함시키지 않았는데, 이 분야만 따로 떼어서 보더라도 약 2,000억 달러의 시장을 형성하고 있다.

실제로 스포츠 산업은 독립된 거대 산업으로 우리 일상 곳곳에 자리 잡고 있으며, 대체로 양대 부문을 통해 수익을 창출하고 있다. 바로 참여(playing)와 관람(watching)이다. 참여 부문에는 경기의 직접 참가를 비롯해 일반적인 체력 관리 활동, 레저 센터 이용, 지역 골프 클럽 활동, 헬스장 이용, 개인 트레이닝 등이 포함되며, 그 범위는 지속적으로 확대되고 있다. 관람 부문의 수익은 경기 관람을 중심으로, 경기장 운영 수익 외에도 콘텐츠를 활용하여 발생하는 다양한 수익이 포함된다. 여기에는 각종 이벤트 행사권, 미디어

---

*https://www.businesswire.com/news/home/20190514005472/en/Sports——614–Billion–Global–Market–Opportunities–Strategies–to–2022——ResearchAndMarkets.com

중계권, 스폰서십, 스포츠 머천다이징(경기 관련 기념품) 사업권, 스포츠 베팅 등이 있다. 현재 양대 부문에서 나오는 수익의 비중은 거의 50 대 50으로 비슷하지만, 특히 관람 부문은 코로나-19 대유행 이후 10년간 가장 빠른 성장이 기대되는 분야이다.

스포츠 산업의 양대 부문에서 공통분모는 팬이다. 팬은 기존 스포츠 산업에서 수익 구조(경기 당일 수익, 상업적 수익, 방송 수익 등)의 원천이다. 팬이 없으면 스포츠 비즈니스도 성립할 수 없다. 결국 비즈니스가 빠진 스포츠만 남게 된다. 물론 그래도 스포츠 자체는 여전히 존재할 수 있지만, 비즈니스에는 반드시 팬이 필요하며, 이러한 팬 경험에서 AI는 점점 중요한 역할을 책임지고 있다. 수익 측면에서 가장 중요한 스포츠 종목은 축구와 미식축구라고 할 수 있다. 두 종목이 전체 시장에서 절반 이상을 차지하고 있어서다. 축구가 스포츠 비즈니스에서 핵심 종목으로 계속 자리를 지킬 수 있을지에 대하여 논란은 있지만, 가까운 시일 내에 그 위상이 흔들릴 조짐은 전혀 보이지 않는다.

AI는 과연 어디에서 어떤 방식으로 이처럼 팬을 중심으로 한 거대한 스포츠 비즈니스 시장과 연결될 수 있을까? AI와 머신러닝이 주도하는 디지털 기술의 발전은 스트리밍 서비스와 가상 현실(VR) 등을 포함한 혁신적인 서비스를 가능하게 하고 있다. 그러는 한편, 미국의 스포츠 베팅 규제도 점차 완화되면서 디지털 베팅 플랫폼의 확장도 불가피한 흐름이 되고 있다.

2021년 7월 말, 시저스엔터테인먼트사는 새로운 모바일 스포츠 베팅 앱인 시저스 스포츠북(Caesars Sportsbook)을 출시했다. 시저스엔터테인먼트의 CEO인 톰 리그(Tom Reeg)는 앞으로 스포츠 베팅 사업과 온라인 도박인 아이게이밍(iGaming) 사업에서 발생하는 온라인 수익이 거의 동등하게 분할될 것이라고 내다보며, 회사는 양쪽 시장 모두에서 경쟁력을 확보해야 한다고 강조했다. 그러면서 향후 2~3년간 최대 10억 달러를 투자해 막강한 온라인 고객 기반을 구축할 계획이라고 밝혔다. 현재 시저스엔터테인먼트사는 미국 17개 주에서 스포츠북 사업을 운영 중이며, 그중 13개 주에서는 모바일 스포츠 베팅 서비스를 제공하고 있다. 리그는 이 사업에 대해 다음과 같이 전망한다.

> 이 비즈니스가 성숙기에 접어들면, 지금껏 우리가 투자한 금액 대비 현금 수익률이 50%를 훨씬 넘을 것으로 봅니다.*

이런 수익성을 고려하면, 디지털 베팅 사업이 얼마나 빠른 속도로 성장할지, 그리고 그러한 성장을 이끄는 동력이 AI라는 점을 예측하는 건 그리 어려운 일이 아니다.

한편, e스포츠는 또 하나의 성장 축으로, VR 기술의 정교한 발전

---

*https://www.cdcgamingreports.com/caesars-entertainment-2q-report-adds-digital-reporting-touts-post-pandemic-gains/

과 함께 지속적으로 확장될 전망이다. VR 기술은 AI와 결합되어, 가상 환경 속에서 인간과 기계 간의 상호 작용 가능성을 열어 주고 있다. 2020년, 이러한 세계 e스포츠 산업의 수익 규모는 약 10억 달러(한화 1조 3천억 원)에 도달했으며, 이는 연 성장률로 따지면 전년 대비 약 16%나 성장한 것이다. 이 중 약 80%의 수익이 미디어 중계권과 스폰서십에서 창출되었다.

세계 e스포츠 산업의 관객 수익은 현재 약 5억 달러에 육박하고 있으며, 연간 약 10%의 성장률을 보이고 있다.* 현재 중국과 함께 북미와 서유럽 국가들이 시장 수익을 주도하고 있으며, 한국은 소규모 국가이지만 인구 대비 선수층의 비율이 매우 높은 편이다. 이런 주요 시장에서는 대형 프로 스포츠 구단들이 자체적으로 e스포츠 부서를 신설하거나 기존 팀을 인수하거나, 신생 팀과의 협업을 통해 e스포츠 시장에 적극 진출하고 있다. 이러한 제휴 전략은 일반 스포츠 팬의 관심을 이끌어 내는 데에도 효과적이다. 예를 들어, 미국 프로 농구 팀 피닉스 선즈(Phoenix Suns)는 2020년 정규 시즌의 남은 경기를 NBA 2K 게임으로 시뮬레이션하고, 이를 비디오 게임 스트리밍 플랫폼인 트위치(Twitch)를 통해 생중계함으로써 코로나-19 대유행으로 경기장을 찾을 수 없게 된 팬들과의 접촉을 유지했다. 그런 방식으로 댈러스 매버릭스(Dallas Mavericks)와 예정된 농구 경기의 e스포츠 버전 트위치 생중계는 20만 회 이상의 조회수를 기록했다.

---

*https://cardosovolei.com/rkpakn/global-games-market-report-2020-pdf

하지만 스포츠 산업에서 수익 창출이 가장 빠르게 진행되는 분야는 단연코 스포츠 베팅 사업이다. 세계 스포츠 베팅 시장 규모는 현재 약 20억 달러(한화 2조 6천억 원)를 넘어섰으며, 향후 5년 내에 약 80억 달러(한화 11조 원)까지 성장할 것으로 전망된다. 이와 같은 성장은 미국 대부분 주에서 스포츠 갬블링이 합법화되면서 더욱 가속화되고 있다.

스포츠 팬과 AI

오늘날 스포츠 팬은 누구이며, 이들은 AI를 통해 무엇을 얻을 수 있을까? 비록 이들이 디지털 기술을 적극적으로 활용하는 호모 디지털리스(homo digitalis)이기는 하지만, 본질적으로 스포츠 팬이라는 점에는 변함이 없다. 스포츠 팬의 범주는 매우 광범위하기 때문에, 매일 스포츠 경기를 챙겨보는 팬이든지 1년에 한 번 스포츠 경기에 관심을 보이는 팬이든지, 또는 자신이 응원하는 팀에 충성도가 강한 사람이든, 충성도가 약한 사람이든지 상관없이, 모두 스포츠 팬이라는 점에서는 똑같다. 다만, 충성도가 유달리 강한 팬의 경우에는 스포츠 자체가 개인 정체성의 중심이 되기도 한다. 실제로 이런 팬의 95%는 경기가 없는 비시즌 기간에도 자신이 응원하는 팀이나 스포츠 리그와 어떤 방식으로든 접촉을 이어 간다.* 그만큼 팀과의 유대감을 지속적으로 유지하고 싶어 한다. 그렇다면 이 점이 중요한 이유는 무엇일까? 비시즌 기간에도 한 달에 한 번 이상 팬 활동

---

*https://www2.deloitte.com/us/en/pages/technology-media-and-telecommunications/articles/developing-sports-marketing-strategies-yearround.html

을 하는 사람은 아무 활동도 하지 않는 사람보다 평균적으로 40%나 더 많이 지출하기 때문이다.

그렇다면 열성 팬들이 경기장 밖에서 '자기 팀'과 접촉을 유지할 때, 가장 중시하는 요소는 어떤 것이 있을까? 가장 대표적인 요소로는 방송과 스트리밍 서비스의 품질과 함께, 팬들이 이런 스트리밍 서비스를 얼마나 잘 제어할 수 있느냐는 점을 들 수 있는데, 예를 들면, 특정 카메라 앵글 선택 기능이나, 코로나-19 시기 같은 경우에 경기장 소음(실제 소음 또는 인공 소음) 조절 기능 등이 이에 해당한다. 열성 팬들은 이러한 스트리밍 서비스에 대해 일반 팬보다 3배 이상 더 비용을 지출하며, 방송 서비스에도 1.5배나 더 지출한다. 팬 미디어는 이제 스포츠 경기 과정의 중요한 일부가 되었으며, 이는 되돌릴 수 없는 성장의 궤도에 올라섰다. 실제로 지난 FIFA 월드컵 기간 동안 스포츠 팬들은 약 7억 건의 트윗을 주고받았다. 이처럼 팬들이 만들어 내는 방대한 양의 콘텐츠는 트위터 모멘트(Twitter Moments)나 스냅챗 스토리(Snapchat Stories) 같은 새로운 수많은 플랫폼의 등장을 이끌고 있다.

팬들은 이제 더 이상 스포츠 콘텐츠의 수동적인 소비자가 아니다. 팬들은 적극적인 참여를 원하며, 실제로 자동차 경주의 경우, 포뮬러 E의 팬부스트(FanBoost) 기술*을 활용하면 자신의 스마트폰을 통해 말 그대로 특정 선수의 우승 가능성을 더 높여 주는 것까

---

*전기 자동차 경주인 포뮬러 E 대회에서 도입한 팬 참여 기술. 자동차 경주 팬이 온라인으로 자신이 좋아하는 선수에게 투표하면 가장 많은 표를 받은 선수에게 추가 전력을 쓸 수 있는 권한이 부여된다.

지 가능하다. 또한, 팬들은 스트라바(Strava)나 런키퍼(Runkeeper) 같은 GPS 기반의 운동 추적 앱이 달린 소셜 네트워크 기술을 이용해 평소 좋아하는 프로 선수와 대결을 펼치거나, 선수의 주행 경로를 따라가며 자신의 기록과 비교해 볼 수도 있다. 팬들은 자신이 좋아하는 선수가 달린 코스를 그대로 주행해 보거나, 실제 경기 코스뿐만 아니라 연습 코스까지도 재현해 볼 수 있다. 물론, 이는 소셜 미디어가 가진 전형적인 쌍방향 구조를 잘 보여 주는 사례이다. 조금 색다른 예를 든다면, 사이클 경주의 경우, 선수들은 디지털 경쟁자와 겨루며 주행하는 동안 주변 데이터를 수집해 스트라바(Strava) 측에 제공할 수 있고, 그러면 스트라바에서는 이를 기반으로 도시 교통 상황과 주행 시간 데이터를 만들어 도시 교통 계획과에 판매할 수 있다. 나아가 이런 시뮬레이션 시스템이 더욱 정교해질 경우, 미래의 스포츠 관리자나 코치를 훈련하고 선발하는 플랫폼으로 발전시킬 수 있고, 이런 학습 모델을 통해 기업의 인사 관리(HR) 시스템에까지 적용할 수 있을 것이다.

디지털 기술의 급속한 발전에 힘입어, 단순히 방송 경험 개선 같은 활동만으로도 팬들의 만족도를 높이고 더 나은 수익을 창출할 수 있게 되었다. 다수의 통계 조사에 따르면, 고품질 방송을 경험한 팬들 중 60% 이상이 자신이 응원하는 팀에 관심이 더 커지며, 경기를 시청하거나 직접 관람할 가능성이 높아진다고 한다. 또한,

약 40%는 팀의 후원사나 후원 기관에 더 가까운 유대감을 느낀다고 한다.* 다만, 여기서 '가까워진다'는 의미가 사람마다 다를 수 있기는 하다.

이러한 팬들의 바람은 진즉부터 알려진 사실이지만, 이에 걸맞은 서비스는 여전히 제대로 또는 만족스럽게 제공된 적이 없으며, 이해하려는 노력도 답답할 정도로 느리다. 팬들은 이제 '공간 이동자'(space-shifters)라 불릴 만큼, 디지털 콘텐츠를 한 플랫폼에서 다른 플랫폼으로 자유롭게 이동하며 즐기고 있다. 물론 이런 행위가 일부 저작권 침해로 간주될 여지가 있지만, 디지털 세대에서는 이미 흔한 관행이 되었다. 스포츠가 아닌 방송의 경우, 예를 들어 드라마 시청자들은 '시간 이동'(time-shifting) 기술을 통해 자신이 원하는 시간과 장소에서 콘텐츠를 소비하고 있다. 일반 방송 콘텐츠 경우, 소비자의 3분의 1 이상이 이처럼 시간 이동 방식을 통해 시청하고 있지만, 스포츠 콘텐츠의 경우 그 비율이 7% 미만에 불과하다. 게다가, 스포츠 전문 미디어인 ESPN의 시청자 중 3분의 2는 오직 모바일 기기만으로 스포츠 콘텐츠를 소비한다. 이와 같은 상황을 고려한다면, 통신사와 인터넷 업체들이 스포츠 콘텐츠와 그 제공 방식에 대해 집중적으로 투자하는 것이 결코 놀랄 만한 일은 아니다.

동일한 설문 조사에 따르면, 방송 경험에 대한 전반적인 만족도는 39%에 불과했다. 따라서 바로 이 지점에서 강화된 AI는 팬들에게 보다 발전된 기술적 경험을 제공할 수 있는데, AI는 증강 현실

---

*Deloitte fan survey, 2020.

(AR)과 가상 현실(VR), 각종 소셜 미디어, 스포츠 베팅을 융합하거나 통합함으로써 완성도가 향상된 시청 경험을 팬들에게 선사할 수 있다. IBM이 실시한 미래 스포츠 팬에 대한 조사에 따르면, 대다수 스포츠 팬은 향후 스포츠 콘텐츠를 보다 편리하게 이용할 수 있기를 바라고 있다. 특히 열정적인 팬들은 스스로 무엇을 원하는지 명확히 알고 있으며, '당장' 그렇게 되기를 원한다.

이미 경제적으로 여유 있는 팬 층에게 필수품으로 자리 잡은 증강 현실(AR)과 가상 현실(VR) 기술의 성장은 거대한 비즈니스로 발전하고 있다. 통계 전문 사이트 스타티스타닷컴(Statista.com)에 따르면, 세계 AR 및 VR 시장 규모는 현재 약 200억 달러에 육박한다. 2020년 기준으로 AR/VR 헤드셋 판매량이 550만 대에 달했는데, 그 대부분은 소니의 플레이스테이션 VR와 페이스북의 오큘러스 VR 헤드셋이 차지하고 있다.*

특히 VR 헤드셋은 게이머들 사이에 크게 인기가 높아지고 있으며, 기술이 점차 정교해지면서 팬 서비스 경험에 핵심 요소로 자리를 잡아갈 것 같다. 물론 이는 VR 기기를 구매할 수 있는 팬들에게만 해당되는 이야기이다.

영국 프로축구의 맨체스터시티 FC는 VR를 훈련 방법 개선에뿐만 아니라 팬 서비스 경험을 획기적으로 향상하는 데에도 활용하고 있다. 비록 아쉽게도 현재는 서비스가 종료되었지만, 존트사(Jaunt)의 VR는 맨체스터시티 팀에 360도 VR 영상을 시범 도입했는

---

*Performance Communications(www.performancecomms.com)와 Canvas8(www.canvas8.com, 시장 조사 컨설팅 업체)의 공동 연구 보고서.

데, 여기에는 선수들의 락커룸 영상과 함께 블루 카펫을 밟고 입장하는 선수들의 근접 확대 영상까지 포함되어 있다. 그중 선수들의 근접 영상은 공개된 지 며칠 만에 조회수 100만 회를 기록할 정도로 주목을 끌었다. 맨체스터시티 FC의 마케팅 이사 디에고 지글리아니는 언론을 통해 이렇게 밝혔다.

비록 우리 클럽의 홈구장인 에티하드 스타디움에서 직접 경기를 관람하는 경험과는 비교할 수 없겠지만, 360도 비디오와 가상 현실 기술의 등장으로 팬들은 예전 같으면 꿈에서나 상상하던 경기장 분위기와 열기를 생생하게 체감할 수 있게 되었습니다.

이는 벌써 3년 전의 이야기이며, 기술은 이후에도 멈추지 않고 끊임없이 발전 중이다. AI를 핵심 기반으로 제품을 개발하는 기업인 이머시브닷아이오사(Immersive.io)는 '스포츠 증강 현실(AR) 체험용 고성능 AI' 시스템을 구축했다.*

실제로 이 회사 제품인 어라이즈(ARISE)는 실시간 서비스를 제공하고 있는데, 경기장에서 벌어지는 상황을 디지털 방식으로 실시간 통계 데이터로 변환하고, 5G 통신망과 엣지 컴퓨팅 기법을 포함한 다양한 기술을 활용하여 팬들이 보유한 디바이스로 거의 시간 지연 없이 정보를 매핑해 준다. 이제 딥러닝 기술을 통해 스포츠 방송의 완전 자동 제작이 가능한 정도이며, 이는 전통적인 '실시

*https://www.immersiv.io/blog/ai-sports-augmented-reality-stadium/

간 방송' 콘텐츠와 거의 구분이 되지 않는다. AI 기반 카메라는 농구에서 득점이나 축구에서 골인 같은 주요 경기 장면을 포착하고 자동으로 하이라이트 영상을 제작하는 데 있어 인간 카메라맨에 못지않으며, 그 데이터를 TV와 스트리밍 서비스, 모바일 기기로 즉각 송출하는 속도 면에서는 오히려 더 우수하다. 현재 이런 서비스를 지원하는 컴퓨터 비전 기술은 세계에서 가장 유망한 기술 시장의 하나로 부상 중이며, 2027년까지 약 200억 달러 규모로 성장할 것으로 전망된다.

하지만 스포츠 팬들에게 이런 콘텐츠를 보다 효과적으로 제공하려면 우선 콘텐츠 양을 늘리는 것이 중요한데, 그러기 위해서는 맞춤 콘텐츠 내지 선별된 콘텐츠 제공, 챗봇을 활용한 실시간 통계 자료 전달과 함께 다양한 판촉 활동, 시즌 티켓 및 VIP 구독권 발행, 굿즈 판매 등의 전략이 필요하다. 모바일 앱을 통해 경기장 내의 매점에서 사전 주문 기능도 간단히 실행할 수 있다. 또한, 다소 의외이지만 스포츠 팬을 대상으로 한 딜로이트 설문 조사에 따르면, 스포츠 팬의 절반가량이 경기장 화면에서 실시간 증강 현실(AR) 통계가 제공되면 실제로 경기를 관람할 가능성이 증가한다고 응답했다. 잘 믿어지지 않는가?

한편, 최근 또 다른 연구에 따르면, 판타지 스포츠*를 즐기는 팬들은 TV 중계를 더 자주 시청하고, 실제로 경기장을 찾아갈 가능

---

*자신이 좋아하는 선수들로 가상의 팀을 구성하고, 선수들이 실제 경기에서 기록한 성적으로 점수를 부여해 순위를 겨루는 게임

성이 높아지는 것으로 나타났다. 이는 스포츠가 마치 원기 회복제 같은 역할을 하지만, 그 복용 방식은 스포츠 팬마다 천차만별일 수 있다는 가설을 확인시켜 주는 결과이다.

『디지털 혁신 전략』(Strategic Digital Transformation)이라는 도서의 편집장이자 대표 저자인 알렉스 펜턴(Alex Fenton) 박사는 디지털 스포츠 팬 생태계 안에서 이루어지는 다양한 상호 작용의 구조를 다음과 같이 도식화하여 설명하고 있다(그림 8.1 참조).*

그림 8.1 디지털 스포츠와 팬 참여 활동
(출처: Strategic Digital Transformation에서 수정)

---

*Strategic Digital Transformation: A Results-Driven Approach – First Edition (routledge.com).

펜턴 박사의 결론에 따르면, 이 생태계의 모든 구성 요소는 서로 상호 작용을 통해 긴밀히 연결되어 있기 때문에, 경기장 안팎을 불문하고 그 중요성을 결코 과소평가할 수 없다. 그런 차원에서 오늘날 주요 스포츠 구단이나 조직이 전용 앱을 통해 팀과 팬을 글로벌 네트워크로 연결하지 않는 건 더 이상 상상하기 어렵다. 예를 들어, 영국 프로축구 팀 첼시 FC에서 운영하는 '제5의 관중석'(The 5th Stand)이라는 앱은 팬들이 다른 팬 모임을 금세 찾아 연결하게 도와준다. 또한, 판타지 스포츠 관련 조언 기능을 제공하며, 퀴즈와 설문 조사 기능 등도 함께 제공한다. 스마트폰에 내장된 모든 기능은, 특히 카메라와 마이크 같은 기능은 팬들과의 소통을 위해 적극적으로 활용되고 있다. 지금 이 시점에서 스마트폰은 팬들과의 소통을 위한 가장 핵심적인 채널이다.

경기장에서의 팬 서비스 혁신

스포츠 콘텐츠의 원격 소비에 많은 장점이 있음에도 불구하고, 그 팬들이, 비록 열성 팬이든 일반 팬이든, 경기장을 직접 찾는 경험은 여전히 소중하다. 여러 가지 혁신 기술이 현대식 경기장 전반에 걸쳐 적용되고 있으며, 이는 사실상 새 경기장의 설계와 건설 초기 단계에서부터 핵심 사항으로 고려되고 있다. 회전문을 통해 경기장으로 입장하는 팬들의 움직임을 제어하거나, 경기장 안에서 관객을 매점이나 광고 시설로 자연스럽게 유도하는 일은 이제 일상적인 일이 되고 있다. 이는 관객이 경기장 내에서 이동 중이거나 좌석에 앉아 있는 경우에도 똑같이 적용된다.

스포츠 단체와 기관들은 이미 경기장 자동 입장 시스템을 앞다투어 도입하고 있다. 예를 들어, 영국의 리버풀 FC는 근거리 무선 통신(NFC, Near Field Communication) 기술을 활용해, 코로나-19 상황이 해제되자마자 팬들이 비접촉 방식으로 앤필드 스타디움에 입장할 수 있도록 하고 있다.* NFC 기술을 사용할 수 없는 휴대폰을 가진 관객은 사진이 부착된 신분증을 통해 경기장에 입장할 수 있다.

경기장에 입장한 관중은 주로 개인 디지털 디바이스를 통해 경기장 측에서 제공하는 방대한 데이터에 접근할 수 있다. 예를 들어, 2016년 슈퍼볼 50 경기가 열린 미국 캘리포니아주의 리바이스 스타디움(Levi's Stadium)**에서는 무려 10테라바이트의 데이터가 경기장 네트워크를 통해 전송되었다. 이 데이터의 대부분은 샌프란시스코 포티나이너스 팀의 공식 앱을 통해 제공된 것이다. 팬들은 이 앱을 통해 경기 장면을 다시 볼 수 있었고, 음식을 주문하거나, 가장 가까운 화장실이나 대기 줄이 짧은 화장실까지 안내받을 수 있었다. 물론 포티나이너스 측은 이 모든 데이터를 수집하여 분석할 수 있었다.

슈퍼볼 팬들이 앱을 통해 음식 주문법을 익힌 이후, 경기장에서 1인당 사용 금액은 평균 88달러로 증가했다. 이는 상당한 성과였지만, 어쩌면 그보다 더 중요한 점은 앱을 통해 수집한 팬 행동에 대

---

*https://www.liverpoolfc.com/nfc-guide
**Levi's® Stadium: 미식축구 샌프란시스코 포티나이너스 팀의 홈구장(levisstadium.com)

한 데이터였다. 이 데이터를 기반으로 팬 서비스에 대해 기계를 학습시키고 개선할 수 있었기 때문이다. 그 결과, 2018년 슈퍼볼 경기에서는 관중의 70%가 경기장 Wi-Fi에 접속하게 되었으며, 그 와중에도 기술적인 오류는 단 한 건도 발생하지 않았다.*

앞으로는 경기장을 직접 찾더라도, 관중이 내부로 입장할 수 없는 상황이 생기면(관람권 매진이나 코로나-19 같은 비상 상황 시), 팬들은 경기장 밖에서 디지털 수단으로 경기를 관람하는 하이브리드 경험(hybrid experience)**을 하게 될 가능성이 높다. 예를 들면, 스페인 라리가의 FC 바르셀로나는 새로 건설한 스타디움의 지붕 아래 초대형 화면을 설치해 놓고 경기장 외부에 있는 팬들에게도 경기를 생중계해 주고 있다. 맨체스터시티 FC의 에티하드 스타디움에 마련된 팬존 같은 구역은 팬에 대한 만족도 증진 측면에서는 물론 수익적 측면에서 앞으로 더욱 성장하고 활성화될 것으로 예상된다.

한편, 이와 같은 실제의 팬 경험과 가상의 팬 경험 사이의 중간지대에는 암호 화폐(Cryptocurrency)가 통용되는 새로운 영역이 자리잡고 있다. 그중 대표적인 초기 혁신 사례에는 기존 화폐와 '완전 대체 가능한' 디지털 수단인 팬 참여 토큰(fan engagement token)이라 불리는 기술이 있다. 이 토큰을 보유한 팬들은 클럽의 문제에 직접 투표할 권리가 있어, 용품이나 유니폼 디자인, 팀 명칭 변경처럼 클

---

*https://www.researchgate.net/publication/266654549_Understanding_the_super-sized_traffic_of_the_super_bowl
**경기장에 입장하여 직접적으로 경기를 관람하는 경험과 경기장 밖에서 디지털 디바이스를 통해 온라인으로 경기를 관람하는 경험이 결합된 형태

럽이 공유할 필요가 있는 의사 결정에 참여할 수 있다. 그 밖에도 토큰 보유자들에게는 VIP 접근권이나 특정 이벤트 및 팬 서비스 공간에 대한 우선 이용권 등 다양한 독점적 혜택이 제공되기도 한다.

새로운 영역에는 '대체 불가능한 토큰'(NFT, Non-Fungible Tokens)이라 불리는 기술도 활용된다. 이와 같은 NFT에는 유명 스포츠 스타의 정보를 담은 스포츠 카드 같은 아이템도 포함될 수 있으며, 이는 디지털 지갑에 저장해 둘 수 있다. NFT는 블록체인 기술을 통해 자산에 대한 소유권을 증명하는 방식으로 이해하면 가장 간단하다. 2017년 등장한 크립토펑크(CryptoPunks)는 수천 개의 서로 다른 그림 캐릭터로 구성된 디지털 아트 컬렉션으로, 개별 소유가 가능한데, 그 소유권이 이더리움 블록체인을 통해 검증되면서, 이는 NFT 기술이 다른 분야, 특히 스포츠 분야에서 트레이딩 카드 같은 새로운 아이템으로 발전되는 계기를 마련해 주었다. 이런 암호 자산 시장 규모를 단적으로 보여 주는 사례로는, 2021년 3월 크립토펑크 작품 하나가 4,200이더리움(당시 가격으로 약 700만 달러 상당)에 거래된 일이 있다.

2019년 미국 프로농구 협회인 NBA는 대퍼랩스(Dapper Labs)라는 업체와 계약을 맺고, 이른바 농구 명장면(예컨대, NBA 경기의 인기 영상 클립)을 암호 화폐 수집 시장에서 거래할 수 있도록 제품화하여, NBA의 블록체인 기반 트레이딩 카드 시스템인 탑샷(Top Shot) 서비스에 올리기로 했다. 탑샷 서비스는 이미 매년 2억 달러 이상의 매출을 올리고 있는 대성공 사업이었다. NBA와 NBA 선수협회는 '명장면' 사업권을 대퍼랩스사에 부여하고, 해당 영상의 디지털화 작업을 진행하되 희소성을 유지하기 위해 한정된 수량의 제품만 발행하기로 했다. 이런 방식은 시장이 기존의 트레이딩 카드 시장과 유사하게 작동하지만, 실물 자산처럼 손상되거나 도난당할 위험이 없다는 점에서 뚜렷한 차이가 보인다.

사실 2014년으로 거슬러 올라가 보면, 당시 스포츠계는 암호 화폐 같은 유망한 신기술이 가져올 후원 사업의 기회를 인식하기 시작한 것으로 보인다. 그 대표적 사례가 미국 비트코인 결제 서비스 업체인 비트페이사(BitPay)와 ESPN이벤트사가 비트코인 홍보의 일환으로 매년 열리는 대학 미식축구 포스트 시즌 대회를 공동으로 후원한 것이다. 이후 이와 같은 후원 사업은 빠르게 확산되어, 캐시벳코인사(CashBet Coin)는 영국의 아스널 FC를 후원하게 되었고, 라이트코인사(LiteCoin)는 미국의 이종격투기 UFC 경기를 후원하게 되었으며, 금융 거래 플랫폼으로 널리 알려진 e토로사(eToro)는 영국의 프리미어리그 소속 최소 6개 구단과 협약을 맺어 정품 굿즈 인증, 암표 거래 방지, 선수 이적 활동의 투명화 등을 지원하는 서비스를 제공하게 되었다. ― 이 모든 것이 사실상 비트코인 기반에서 이루어진 것이다. 한편, 블록체인 기술은 그간 개선이 절실했던 티켓 교환 시장을 더욱 안전하고 투명하게 만들어 주는 데 기여해 왔다. 하지만 여기서 주의해야 할 점이 하나 있는데, 기존의 전통적인 주식 시장에서도 워낙 변동성이 심하지만, 암호 화폐 기반의 거래 시장은 그보다 훨씬 높은 변동성을 보일 수 있다는 점이다.

경기장 밖에서의 팬 서비스 혁신

오늘날 AI는 팬들에게 자신이 응원하는 스포츠 클럽이나 선호하는 종목과 관계된 활동은 무엇이든 정보를 찾아 제공하는 역할을 하고 있다. 이로 인해 스포츠 방송, 해설, 저널리즘의 자동화가 촉진되고 있으며, 그 대표적인 사례가 컴퓨터 비전 기술을 활용하여 자동으로 콘텐츠를 생성해 내는 작업이다. 그러자면 경기 중 언제 '중요한 움직임'(액션)이 일어나는지를 이해하고 추적하는 과정이 필수적이다. 지금은 카메라맨이 카메라를 들고 경기장을 따라다니지 않아도, 스피데오사(Spiideo)*의 지능형 카메라 시스템과 클라우드 플랫폼이 자동으로 경기장 전체 모습을 쉬지 않고 촬영해 준다. 그러면 사전에 학습된 알고리즘을 기반으로 시스템이 중요한 움직임의 발생 지점을 자동으로 식별하고, 이를 지속적으로 추적하게 된다.

아울러, 성능이 향상되고 휴대성이 개선된 카메라의 도입은 스포츠 분석의 대중화에 결정적인 기여를 하고 있다. 바르셀로나 FC와 픽셀롯(Pixellot)이라는 두 주요 조직의 협력 사업으로 기획되어 협업을 통해 개발된 이 카메라는 클럽 규모와는 관계없이 누구나 손쉽게 어떤 스포츠 활동도 촬영할 수 있으며, 어떤 경기라도 AI를 통

---

*스웨덴 말뫼에 소재한 IT 기업으로, 스포츠 영상 처리 서비스 전문 업체

해 선수와 공의 움직임을 추적할 수 있다. 또한, 사전에 코치와 분석가들이 함께 설정해 놓은 특정 행동에 기초하여 하이라이트 영상을 즉각적으로 생성할 수 있으며, 제작된 영상은 NFT로 판매도 가능하다.

AI가 활약 중인 또 다른 분야는 스포츠 미디어이다. 예를 들어, 크리켓 경기에서는 심층 신경망(deep neural networks)이 그저 경기를 관망하는 것만으로도 자동으로 해설을 생성하고 음성으로 설명하는 단계에 이르렀다. 물론 영국 사람 입장에서는 아직 그 수준이 BBC 방송의 유서 깊은 크리켓 경기 중계 방송인 TMS(Test Match Special)에서 들을 수 있는 '티타임 케이크' 시간 같은 재미있고 인간적인 해설을 절대 대체할 수 없을 것이라고 하겠지만, 어쨌든 기술은 계속 발전하고 있다.*

야구에 대하여, AP 통신은 AI를 적극 활용하고 있는 언론사이다. AP는 2016년부터 자체적으로 워드스미스 AI(Wordsmith AI)라는 플랫폼을 활용해, '미국 마이너리그 야구 경기 데이터를 바탕으로 자동으로 기사를 작성해 곧바로 뉴스로 송출'**하고 있다. 워드스미스는 자연어 생성기(NLG, Natural Language Generator)의 일종으로, 오픈AI의 GPT-3와 유사한 기능을 갖추고 있지만, 아직 완성 상태에 이르지는 못했다. 물론 두 시스템 모두 인간이 말하는 것처럼 문장

---

*생소한 사람은 bbc.co.uk/cricket에 접속하여 로그인하고 TMS(Test Match Special)를 청취하면 영국의 특이한 스포츠 문화를 체험할 수 있다.
**Take Me Out to the Ball Game: Ai & AP Automate Baseball Journalism At Scale | | Automated Insights.

을 자동으로 빠르게 생성해 낼 수 있다. 그러나 때로는 터무니 없는 엉뚱한 내용을 만들어 내기도 한다. 이에 대해 오픈AI의 CEO 샘 앨트먼(Sam Altman)은 이렇게 말한다.

GPT-3에 대한 홍보가 너무 과한 면이 있습니다. 비록 GPT-3가 멋진 기술이긴 하지만… 아직은 심각한 결함을 가지고 있고, 가끔 아주 어처구니 없는 실수를 저지르기도 합니다. AI가 세상을 바꾸는 것은 분명하지만, GPT-3는 그저 초기 단계 모델에 불과합니다. 풀어나가야 할 과제가 많습니다.*

앨트먼이 지적한 것처럼, AI가 세상을 변화시키리라는 점은 아무도 의심하지 않지만, 그 길에는 많은 장애물이 나타나고 실패도 겪게 될 것이다. 그러나 이런 실패가 또 다른 'AI 겨울'을 불러오지 않도록 해야 한다.

광고와 마케팅 분야의 AI 혁신

광고와 마케팅의 목적은 현재 소비자는 물론 잠재적인 고객에게 긍정적으로 포장된 제품 정보를 전달하는 것이지만, 그에 못지않게 중요한 활동이 동일한 고객에게 정보를 수집해 오는 일이다. 예를 들어, 브랜드 인지도 재고는 어떤 기업이든 전략적으로 소중한 지표인데, 특히 스포츠 관련 조직의 경우 팬이나 소비자가 자신들

*2020년 10월 19일자 기자 회견

을 어떻게 인지하는지에 민감할 수밖에 없다. 그런 필요성에 대응하여, 첨단 기술 기업들은 컴퓨터 비전 기술을 활용하여 브랜드 인지도를 보다 정확하게 측정할 수 있는 방법을 모색하고 있다.

애초에 이스라엘에서 출발한 브이브랜드(vBrand)라는 회사는, 지금은 닐슨(Neilson) 그룹의 일원이지만, AI 및 딥러닝을 통합시킨 첨단 이미지 인식 기술을 활용하여 스폰서 회사의 로고가 사람들의 눈에 뜨일 때마다 이를 분석하는 일을 한다. 작업은 일반 TV, 디지털 TV, 웹사이트, 소셜 미디어 화면 등 다양한 소스에서 말 그대로 프레임 형태로 인식된 로고들을 가지고 이를 서로 분류하고 구분해 내는 방식으로 이루어진다. 브이브랜드사는 그렇게 얻어진 데이터를 바탕으로 로고의 노출 시간, 노출된 크기, 이미지 선명도 등에 가중치를 부여하여 분석함으로써 스폰서십의 기회와 브랜드 가치를 정량적으로 도출해 낸다.

이러한 작업은 필요에 따라 작업 부하가 크게 가중될 수 있는 분야에서 AI의 숨겨진 가치를 드러내는 대표적인 사례이다. 예를 들어, AI 플랫폼은 얼굴 인식 작업에서 사람의 감정을 파악해야 하며, 특정한 동작이나 활동 감지, 저작권 및 초상권 침해 사례 감지, 그 밖의 다양한 문제 상황을 감지하여 인간 분석가로 하여금 그런 정보를 면밀히 재해석하거나 분석하게 도움을 줄 수 있다. 비슷한 맥락에서, 디지털 마케팅 및 디지털 커뮤니케이션은 이제 경기장 안에서든 또는 집에서든 스포츠를 즐기는 소비자에게 필수적인 마케팅 수단으로 자리 잡고 있다. AI는 이 과정에서 스포츠 소비자에게 관련 정보를 최대한 많이 제공함으로써 스포츠 콘텐츠의 소비를 촉진하는 핵심 수단으로 되고 있다.

　코로나-19의 대유행 이전, 도쿄 올림픽은 가상 현실(VR)과 증강 현실(AR), 혼합 현실(MR) 같은 첨단 기술을 활용해 팬 경험을 크게 향상시키고, 이들 기술의 효용성을 대중에게 널리 인식시키는 데 있어 중요한 전환점이 될 것으로 기대를 모았다. 이에 따라, 경기장 대형 화면을 통해 3D 추적 기술로 선수의 모습을 비추면서 동시에 관중이 선수 개인 프로필을 손쉽게 확인할 수 있는 기회를 제공할 예정이었다.

　한편, 보안의 측면에서도 AI 기반 안면 인식 소프트웨어는 각 경기장에 운집한 30만 명 이상의 사람을 식별해 낼 정도로 발전하였고, 이런 기술에는 자연스럽게 다양한 법적·윤리적 고려 사항이 따르기 때문에 정책 입안자와 연구원들이 이에 대한 심도 있는 검토를 진행 중이었다. 2020년 도쿄 올림픽은 일본이라는 나라가 이미 AI 기반 기술 혁신의 선두주자라는 점에서, AI 기술을 총동원한 인상적인 행사로 치러질 예정이었다. 결과적으로 보자면, 코로나-19 팬데믹은 오히려 이와 같은 기술 발전을 가속시킨 것일지도 모르지만, 그 영향력은 시간이 지나야 밝혀질 것이다.

스포츠 도박(갬블링)과 AI

오늘날에는 많은 스포츠 종목에서 선수들에 대한 각종 의혹이 정기적으로 보도되고 있는데, 이는 세계 스포츠 산업에서 가장 큰 재정적 수혜자의 하나인 도박 산업이 초래할 수 있는 위험성을 다시금 상기시켜 준다. 어느 정도 수준에 오른 선수들은 대부분 자신의 꿈을 좇느라 경제적 손실을 감수해 온 사람들이기 때문에, 파렴치한 도박 조직이 내미는 유혹에도 그만큼 노출되기 쉽다.

스포츠와 도박은 예나 지금이나 불가분의 관계를 형성하고 있다. 크리켓의 경우 1700년대 후반에 시작된 초창기 경기 때부터 2000년대의 한시 크론제(Hansie Cronje) 스캔들에 이르기까지, 야구에서는 블랙 삭스(Black Sox) 스캔들로 불리는 사건과 피터 로즈 스캔들을 볼 때, 그리고 앞으로도 누가 어떻게 걸려들지 모르는 상황까지 감안한다면, 도박 스캔들은 거의 피할 수 없는 숙명처럼 보인다. 어쩌면 영국 프리미어리그 소속 축구 클럽들이 사행성 관련 기업의 후원을 받는 현실만 보더라도, 스포츠와 도박은 결코 쉽게 분리할 수 없는 관계임을 알 수 있다.

스포츠 베팅 시장은 규모 면에서도 방대하지만, 구단주나 방송사의 입장에서는 결코 버릴 수 없는 매력적인 분야이기도 하다. 스포츠 베팅에 참여한 팬들이 그 경험을 계기로 더 넓은 스포츠 시장에 관심을 갖게 되거나, 앞으로 관심을 보일 가능성이 높기 때문이다.

(예를 들어, 자신이 응원하던 팀의 경기를 넘어 다른 팀의 경기까지 시청하거나, 평소에는 보지 않던 다른 스포츠 종목에까지 관심을 넓힐 수 있다.) 스포츠 산업에서 활약하는 AI와 머신러닝은 이와 관련하여 매우 흥미진진한 결과를 만들어 내고 있다. AI와 머신러닝의 역할은 한편에서 보자면 불확실성을 최소화하는 것이지만, 반대편의 스포츠 베팅 옹호자의 입장에서는 바로 그 불확실성에서 이익을 창출해야 하기 때문이다.

그런 점에서 스포츠 베팅은 AI 기술이 인간과 기계 사이의 공생 관계를 강화하는 결말을 이끌어 낼 수 있는, AI만의 강점을 잘 보여주는 대표적인 사례라고 할 수 있다. AI 기반 스포츠 베팅 예측 서비스 회사로 잘 알려진 스포츠피커사(Sportspicker)의 집단 지능형 스웜(Swarm) 시스템은 사실 매우 단순한 원리에 따라 작동한다. 다음은 이에 대한 스포츠피커사의 홈페이지 설명이다.

> 스포츠피커사는 스웜(Swarm) 시스템이라 불리는 AI 기반 집단 지능형 기술을 활용하여, 실제 인간, 즉 스포츠 팬들의 지식, 지혜, 통찰력, 직관 등과 관계된 정보를 실시간으로 수집 및 처리를 통해 다른 기술로는 구현하기 어려운 독보적인 예측 결과를 도출합니다.*

그렇게만 보면, 이 일은 AI에게는 매우 단순하고 조건이 잘 갖추어진 과업처럼 보일지도 모른다. ― 기계에 입력된 데이터를 가지

*Sportspicker AI – UNANIMOUS AI

고, 어느 정도의 트렌드를 따라가며 꼼꼼하게 걸러내고 분별하는 과정을 계속 반복하는 다소 고된 작업이다. 이런 경우에 활용되는 데이터는 결국 인간이 보유한 지식의 범주 안에서 도출된다. 예를 들어, 우리 책의 저자 중 한 명은 자칭 영화광인데, 2021년도 아카데미 시상식(일명 오스카상)과 관련하여 유나니머스AI(Unanimous AI)라는 회사에서 제시한 예측치를 가볍게 능가하는 수준으로 수상작을 맞춘 경험이 있다. 사실 유나니머스AI가 자사 웹사이트에 강조한 93%라는 예측 성공률 역시, 아카데미 시상식의 경우 수상 부문 수가 상대적으로 적기 때문에 그리 맞추기 힘든 수치라고 보기는 어렵다.

하지만 정식 스포츠 베팅 작업에 쓰이는 일명 스포츠북(Sports Book)이라 부르는 데이터는 그 양이 정말 방대하고 복잡해서, 비록 AI가 수행한다 해도 데이터 분석 및 분별 작업은 무한 반복에 가까운 힘들고 고된 작업일 수밖에 없다. 그런 의미에서 유나니머스AI나 프레딕트올로지(Predictology)*같은 회사는, 쉽게 말해 게임 참가자에게 크게 불리하지 않은 선에서 AI 기술을 바탕으로 훈수를 제공하는 서비스에 가깝다. 경기 결과가 아무리 좋아서 수익금이 늘어나도, 결국 이들은 확률론의 한계 내에서만 최선을 다할 수 있기 때문이다. 그러나 우리가 스포츠에 열정을 쏟아붓게 만드는 결정적인 이유가 바로 그 예측 불가능성에 있다는 사실을 상기해 보면, 사람들은 모든 행운을 미래에 걸고 모험을 시도할 수도 있다. 따라

*Using AI to Find Winners | Predictology.co

서 우리가 예상할 수 있는 한 가지는, 언젠가 기계가 인간의 모든 지능을 완벽하게 모방하는 날이 오더라도, 결국 그런 AI도 '잘못된 말'을 선택하는 오류를 범할 가능성이 있다는 것이다.

예측 불가능성이 워낙 스포츠 자체에 내재된 특성이라 할지라도, 여기서 한 가지 분명하게 예측할 수 있는 사실은 스포츠 갬블링 회사들이 스포츠를 통해 수익을 얻는다는 점이다. 마찬가지로 마권 업자라 불리는 베팅 운영자에게 서비스를 제공하는 하부 조직도 마치 최종 단계의 소매상에게 상품을 넘기는 것과 동일한 방식으로 사업을 운영하며 이익을 남기고 있다는 사실이다.

스포츠 갬블링 회사와 그 하부의 공급망이 이렇게 수익을 얻을 수 있는 배경은 마진율 때문이 아니라 그 규모 때문이다. 예를 들어, 2021년 4월, 영국의 한 스포츠 베팅 데이터 기업은 자그마치 15억 달러 규모로 기업인수 목적회사(SPAC)인 ㈜dMY테크놀로지 그룹 II와 합병한 뒤 뉴욕 증권거래소(NYSE)에 상장되었다. 미국에서도 갬블링 규제법이 완화되면서 스포츠 베팅 시장이 개방되며 미식축구 리그(NFL)의 공식 데이터 제공 업체인 지니어스스포츠가 관련 기업인수 목적회사(SPAC)와 함께 본격적인 진출 움직임을 보이고 있다. 미국이 마침내 세계 스포츠 갬블링 시장에 합류하면서, 스포츠 도박 산업은 앞으로 계속 성장해 나갈 것이다.

스포츠 베팅 시장의 규모가 얼마나 되는지를 정확하게 파악하기는 매우 어렵다. 전체 시장의 50% 이상이 불법적으로 운영되고 있어서 공식적인 통계에 잡히지 않기 때문이다.* 그럼에도 불구하고 그 규모를 대략 가늠해 보면, 대부분 추정치이긴 하지만, 세계 스포츠 도박 시장 규모는 2,000억 달러(한화 270조 원)를 상회할 것으로 보이며, 그 가운데 판타지 스포츠 베팅을 포함하여 온라인 겜블링 시장은 약 700억 달러(약 95조 원) 규모에 이르는 것으로 보인다.

현재 상황

주요 스포츠 종목들은 하나같이 이제 AI 기술을 해당 종목의 활동과 비즈니스 모델 전반에 적극적으로 도입하고 있다. 그러나 AI 기술 도입의 양적 수준과 질적 수준은 같은 종목 내에서도, 그리고 종목 간에 매우 큰 차이를 보인다. 예를 들어, 축구의 경우 복잡성이 매우 크고 활용 가능한 데이터만 해도 수십억 개에 이르지만, 스누커나 포켓볼 같은 당구의 경우 AI 프로그램이 샷을 애니메이션으로 재현하고, 적절한 각도나 캐넌 샷을 제안하며, 포켓까지 거리와 공의 경로를 시각적으로 보여 줄 수 있다. 전미 스톡카 경주 협회(NASCAR)에서는 자동차 산업의 대형 기업들이 AI 업체와 협력하여 무인 자동차를 대리점과 기업 시장에 배달하고 있으며, 그 기술을 다시 자동차 경주 트랙으로 가져와 보다 안전한 자동차 경주 환경을 조성하고 있다. 현재 AI는 자동차 경주 중 차량이나 운전자가 고장이나 사고 징후를 보일 경우, 인간보다 빠르게 감지할 수 있어

---

*미국 내 불법 도박 시장에서 합법적인 스포츠 겜블링 회사가 겪고 있는 어려움은 포브스지(Forbes) 2020년 4월호를 참조하라. 미국 내의 상황에 국한된 내용이지만, 세계적으로는 훨씬 문제가 심각하다.(https://www.forbes.com/sites/andrewjsilver/2020/04/07/legal-sports-betting-still-faces-competition-from-illegal-market-low-state-taxes-could-turn-the-tide/)

결과적으로 선수와 관중 모두에게 더 안전한 경주 환경을 제공하고 있다.

의료 및 보건 분야에서는 AI가 수술 과정에 활용될 뿐만 아니라, 웨어러블 기술을 통해 부상과 질병을 사전에 예방하는 용도로 적극 도입되고 있다. 팬들은 이제 단순한 관람객을 넘어, 경기장 안팎에서 스포츠 경험과 콘텐츠를 소비하는 동시에 적극적으로 참여하는 활동가로 변하고 있다. 또한, 팬들이 응원하는 팀과 직접적으로 만날 수 있는 경기장은 점차 멀티미디어 엔터테인먼트 센터로 진화하고 있다.

한편, 스포츠 갬블링 산업은 AI 기반의 가상 베팅 공간과 가상 카지노의 등장에 힘입어 폭발적으로 성장 중이며, 마치 블랙홀의 중력처럼 e스포츠와 판타지 스포츠 분야까지 그 영향권으로 끌어들이고 있다. 2022년까지 e스포츠에만 베팅되는 금액이 무려 300억 달러(한화 약 40조 원)에 이를 것으로 예상된다. 그만큼 스포츠 경기에서는 경기 전·중·후 데이터 활용과 관련하여 피드백 순환 구조의 중요성이 날로 커지고 있는데, 선수 영입, 전술 분석, 코칭, 경기 운영, 심판 등 모든 영역에서 AI가 핵심 역할을 하게 될 것이다.

경제적 측면에서 보면, 코로나-19 팬데믹 이전 스포츠 시장의 가치는 미국에서만 약 800억 달러(한화 110조 원)로 추산되었으며, 세계적으로는 2,000억 달러(한화 270조 원) 규모에 육박했다. 물론 여기서 스포츠 갬블링은 제외한 것이고, 경기 당일 수익, 미디어 중계권,

스폰서십, 굿즈 판매권 등 주요 수익원만을 고려한 것이다. 코로나-19 팬데믹 후에도 이러한 수익원은 여전히 계속 유지될 것이며, AI 기반의 혁신 기술 도입은 세계 스포츠 산업의 가치를 더욱 배가시켜, 그 성장 속도는 기하급수적으로 빨라질 것으로 예상된다. 스포츠 산업의 미래가 어떤 모습으로 펼쳐질지에 대해서는 3부에서 자세히 다루도록 하겠다.

제3부 미래엔 어디로 가게 될까?

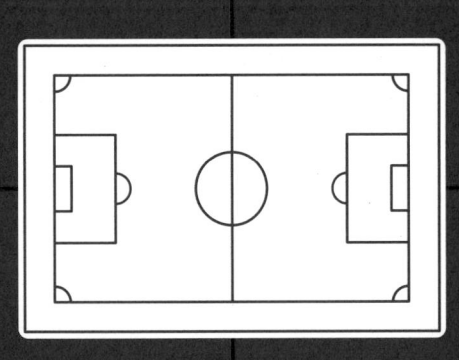

9장 스포츠 경기의 미래

최근 딥마인드사에서 발표한 알파폴드2(AlphaFold2)*의 등장은 인간 수준 인공지능(AGI, Artificial general intelligence)으로 향한 여정에서 또 하나의 중요한 변곡점이 될 것으로 보인다. 이 여정은 얼마 전 성공적으로 개발된 다중 모달(multi-modal) 또는 다중 과제(multi-task)로 불리는 모델을 통해 그 가능성이 입증된 바 있으며, 끊임없이 변해 가는 AI 기술의 지형 속에서 미래를 지속적으로 예측할 수 있게 해 준다. 이러한 프로그램은 기존에는 각각 별도 처리가 불가피했던 문제들, 예컨대 언어 처리(OpenAI의 GPT-3)와 이미지 처리를 통합하여 동시에 수행할 수 있게 해 준다. 이 책이 집필 중인 현재에도, 구글의 다중 과제 통합 모델(MUM, Multi-task Unified Model)이나 베

---

*딥마인드사 웹사이트의 알파폴드2 블로그포스트: https://deepmind.com/blog/article/putting-the-power-of-alphafold-into-the-worlds-hands

이징 인공지능 아카데미(BAAI)의 최신 모델인 WUDA 2.0 같은 프로젝트가 활발하게 업데이트되며 프로그램 개발 속도를 가속화하고 있지만, 알파폴드를 비롯해 그 밖의 미공개 프로젝트들이 본격적으로 날개를 펴기 시작하면, 기존의 프로젝트들은 더 이상 주목받지 못하고 무대 뒤로 사라질지도 모른다.

기존의 딥러닝 모델은 특정 과업 처리에만 특화되어 있어 활용에 한계가 있었다. 하지만 다중 모달 및 다중 과업 모델은 전혀 다른 유형의 문제를 동시에 처리할 수 있기 때문에, 앞으로 스포츠 산업에서 이러한 프로그램은 판도를 바꾸는 게임 체인저가 될지 모른다. 산업 혁명이 제조 공정을 획기적으로 바꾼 것처럼, 인간 수준 인공지능(AGI) 기술 혁명은 정보 처리 방식을 근본적으로 바꾸어 놓고, 복수의 병렬 데이터까지 신속하고 원활하게 처리할 것이다. 그리고 나아가 인간의 인지 능력을 필적하거나 그 이상으로 발전할 것이다.

AGI 기술은 아무리 복잡하게 얽힌 데이터라 할지라도 예리한 통찰력과 효용 분석 능력을 바탕으로 자동으로 완벽하게 정리하고 분류해 낼 수 있다. 이런 AGI 기술의 궁극적인 목표는 인간과 기계가 공통의 언어로 소통하게 만드는 데 있다. 그런 의미에서, AGI 기술이 현실화하는 시점은 인간과 기계 지능의 필연적인 통합의 여정에서 한 단계를 마무리하는 종료 신호이자, 동시에 새로운 단계의 여정을 시작하는 출발 신호이기도 하다.

운동의 게임화, e스포츠, 비디오 분석 같은 서로 다른 분야와 플랫폼, 데이터 소스를 하나로 통합하려는 가능성에 더하여 향후 AI 간 접근 방식을 하나로 통합하려는 시도까지 모두 이루어진다면, 그 결과물은 지금까지 풀기 어려웠던 문제에 대해 보다 종합적이고 정교한 설명과 해결책을 제시할 수 있을 것이다. 이러한 통합 시도는, AI가 모방하고자 하는 인간 지능을 구성하는 양대 축, 즉 효용 기반 지능과 정보 기반 지능 사이에서도 필연적으로 일어나게 될 것이다.

어느 쪽의 지능이 더 중요할지 모르겠지만, 결과만 만족스럽다면, 거기까지 이르는 경로는 크게 문제 되지 않는다. 앞서 언급했듯, 스포츠 산업은 이러한 지능을 궁극적으로 통합하는 여정에서 핵심적인 기여자일 뿐만 아니라 동시에 중요한 수혜자가 될 것이다. 스포츠 분야에서 AI 기술이 앞으로 어떤 방식으로 얼마나 많은 영향력을 발휘하게 될지는 결과적으로 미래를 어떻게 전망하느냐에 따른 문제이다. 그러므로 이제부터는 이와 관련한 우리 저자들의 예측과 가설을 설명하고자 한다.

미래 스포츠 경기의 변화 방향

AI 기술의 발전 덕분에 스포츠 경기에서 선수의 운동 수행력이 어떻게 향상될 것인가는 앞으로 몇 년 동안 스포츠 산업에서 가장 활발하게 논의가 이루어지는 주제가 될 것이다. 단기적으로는 자동 의사 결정 도구와 운동 수행력 증진 도구를 기반으로 한 다중 에이전트 시스템(multi-agent systems)으로 발전하여 실제 경기에서 실시간으로 활용될 것이다. (그리고 궁극적으로 향후 몇 년 이내에 '자율 비디오 보조 코치'(AVAC, automated video assistant coach)로 진화할 것이다.) 이러한 AVAC는 코치, 스포츠 분석가, 선수들이 경기를 분석하고 시합 도중, 예컨대, 세트 플레이 같은 상황에서 실시간으로 전술적 결정을 내리는 데 많은 도움을 줄 것이다. 또한, 테니스 같은 개인 종목에서는 선수에게 최적의 서브 전술이나 리턴 기회를 제안할 수 있고, 육상에서라면 중·장거리 경주 도중 전술적 조언을 제공할 수 있다. 이는 지금도 도로 사이클 경주에서 쓰이고 있는 방식과 매우 유사하다. 물론 테니스의 경우처럼 코치와 선수 간의 시선 접촉조차 금지되어 있는 종목이라면, 이런 기능이 도입되려면 상당한 규칙 변경이 필요할 것이다.*

스포츠 경기에서 AI 기술을 활용하겠다는 이런 식의 접근법은 사실 보조 코치의 역할만 맡기는 방식으로, 앞서 언급한 것처럼 의사결정권자가 아닌 제안자 역할로 국한하겠다는 것이다. 그러므로 이는 로보컵(RoboCup) 대회에서 추구하는 자율 로봇형 접근 방식과는 상당한 차이가 있다. 현재 로보컵 대회에서 내세우고 있는 목표(물론 꿈에 가깝지만)는 다음과 같다.

---

*Strangely, in Davis Cup matches, coaches are permitted to sit courtside and can coach during changeovers.

21세기 중반까지 완전 자율형 휴머노이드 로봇 축구팀을 통해 FIFA의 공식 규정을 준수하며 인간 월드컵 우승팀 격파*

하지만 두 가지 접근법 모두 종국적으로는 인간과 기계의 공생 관계를 목표로 하고 있다.

AVAC를 인간 코치를 위한 기계 보조자로 본다고 해서 로봇 축구 대회 연구와의 상호 교류 및 발전을 배제한다는 의미는 아니다. 두 분야는 시너지를 낼 만한 연구 기회를 많이 공유하고 있기 때문이다. 예를 들어, 로보컵 대회 준비 과정에서 개발된 시각 기반 강화 학습 알고리즘은 선수들의 위치 예측에 활용될 수 있는데, 이는 의사 결정에 필요한 핵심 자료로, 알고리즘의 축구 분석 연구에 직접적으로 기여할 수 있다. 반대로, 게임 이론 기법 및 통계 학습 기반의 평가 방식은 로보컵 연구에 그대로 적용할 수 있다. 또한, 모방 학습(imitation learning) 같은 기법을 활용해 실제 인간 선수의 행동을 시뮬레이션하는 것도 로보컵 대회 준비에 많은 도움이 될 수 있다.

현 시점에서 저자들이 보기에는 스포츠 분석과 관련하여 가장 효과적인 접근법은 통계 학습(statistical learning), 컴퓨터 비전(computer vision), 게임 이론(game theory)이라는 3대 분야가 조우하는 아직은 미지의 교차점에서 찾을 수 있다(그림 9.1 참조).**

---

*https://www.robocup.org/objective
**A more detailed exploration of these concepts can be found in Tuyls, Karl et al.(2020). Game Plan: What AI Can Do for Football, and What Football Can Do for AI. Figure 9.1 is taken from that paper. (https://deepmind.com/research/publications/Game-Plan-What-AI-can-do-for-Football-and-What-Football-can-do-for-AI/) Also, Journal of Artificial Intelligence Research, 71, 2021, 41-88.

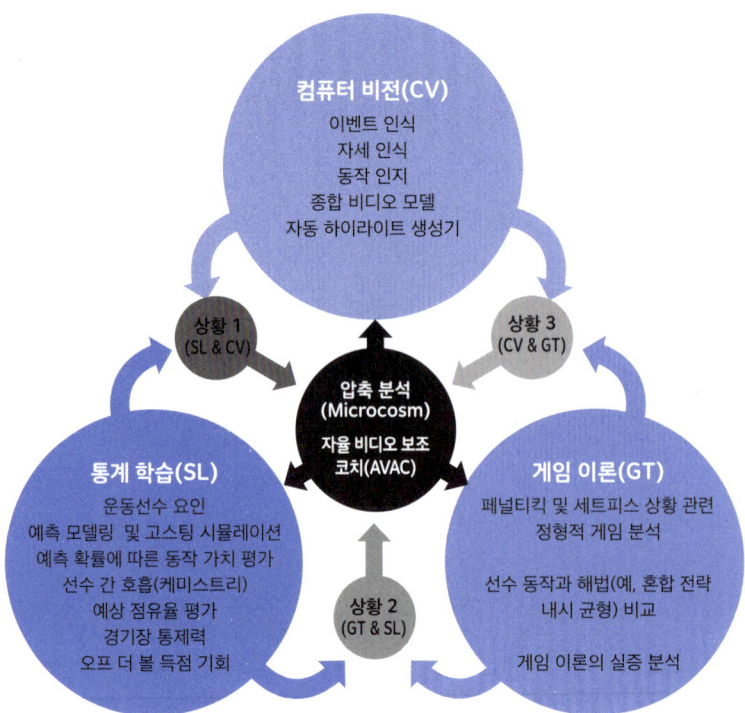

그림 9.1 통계 학습, 컴퓨터 비전, 게임 이론의 교차점

이 3대 분야는 각각 축구 경기 분석에 효과적임이 이미 입증된 바 있다. 그런 의미에서 저자들은 이 3대 분야가 통합된 연구 영역에서 향후 축구 분석 연구의 중요한 진전이 이루어질 가능성이 높다고 보고 있으며, 특히 AI 기술과 축구 분석 모두에서 상호 발전하게 될 것으로 기대하고 있다. 나아가 이러한 접근법은 다른 스포츠 종목에도 쉽게 적용할 수 있다는 점에서 장점을 지닌다.

AVAC 시스템은 향후 스포츠 분야에서 인간이 중심이 되는 AI 연구의 미래를 이끌어갈 핵심 기술로, 경기 중 인간 선수의 동작을 이해하고 개선할 수 있는 통합 시스템의 제공을 목표로 한다. AVAC 시스템이 성공적으로 구현되면, 개별 선수의 경기력을 분석해 약점과 강점을 파악하고, 이를 개선 및 보완하는 데 실질적인 도움이 될 수 있다. 또한, 경기에 앞서 그날의 상대팀들을 대상으로 평가를 내리고 맞춤 전략을 제시할 수도 있다.

한편, AVAC 시스템은 방대한 양의 영상 자료를 자동으로 분류하고 라벨링을 하는 기능을 포함하고 있어, 방송사와 관중이 언제든 원하는 주요 장면을 손쉽게 찾아볼 수 있다. 나아가 이런 주요 장면은 암호화 토큰 형태로 상품화되어 판매 가능하며, 이를 통해 선수와 에이전트사에 지급할 급료와 수수료 일부를 보전하는 데에도 활용할 수 있다. 다만, 이런 혁신을 가로막는 가장 큰 장애물은 다름 아닌 인간의 상상력 결여와 보수적인 태도인데, 이 책에서는 이에 대해서도 중요한 주제로 다루고 있다.

미래 스포츠 경기에서 AI의 역할

스포츠 경기 자체의 변화도 변화이지만, 지금으로서는 그 변화가 감히 상상조차 하기 어려운 방식으로 전개될 가능성이 높다. 그렇게 보는 이유는 AI 기술 자체가 빠르게 진화하고 있기 때문이다. 이러한 변화 가운데 스포츠 분야에 실질적으로 도움을 줄 수 있는 발전의 하나는 설명형 AI(XAI, Explainable AI)의 성장으로, 이는 AI 프로그램에서 제시하는 해결책이 어떤 근거와 과정을 통해 도출된 것인지를 설명하려는 시도로, 말하자면 AI 내부의 '블랙박스'를 본격적으로 열어보려는 노력이라 할 수 있다. AI 기반 해결 방식이 사회 전반에서 보편화하면서, 이러한 시스템을 보다 공정하고 투명하게 만드는 데 대한 필요성에 관심이 커지고 있다. 그러나 이러한 윤리적 차원을 떠나서라도, 스포츠 분야 내부에서는 AI에 대한 저항감이 드러나곤 하는데, 이는 AI라는 블랙박스 속에서 일어나는 일 자체가 무의미하거나 부정확할 수 있다는 인식에서 비롯된다. 따라서 AI의 신뢰성을 높일 수 있는 접근 방식이라면 무엇이든 검토해 볼 필요가 있다.

설명을 구하는 과정, 즉 블랙박스를 열어보려는 시도에서 가장 큰 난제는 AI 전문가조차도 그 일이 결코 쉽지 않다는 점이다. 이에 대한 하나의 해결책으로, 옥스퍼드 인터넷 연구소 및 앨런 튜링 연구소의 산드라 바흐터(Sandra Wachter) 교수는 '반사실적 설명'(counterfactual explanation) 접근 방식을 제안한다. 블랙박스를 직접 열려고 시도하기보다는 'AI의 결정을 바꾸려면 무엇이 달라져야 하는가?' 같은 질문을 던지는 방식이다. 그러면 이 질문에 대해 블랙박스 안에서 쓰인 논리와 근거를 유추할 수 있는 창이 드러난다.

바흐터 교수가 제시한 다음 예시를 통해 AI가 어느 지점에서 어떻게 결정을 내리는지 유추할 수 있을 것이다.

고객님, 신청한 대출은 고객님의 연간 소득이 3만 달러 수준이어

서 승인이 거부되었습니다. 고객님의 연간 소득이 4만 5천 달러는 되어야 대출이 가능합니다.

반사실적 설명 방식은 원래 진술의 형식을 유지하면서도, 다른 결과가 발생하려면 현실의 조건이 어떻게 달라졌어야 하는지를 대안적으로 제시하는 방식이다. 이러한 반사실적 설명은 하나만 있는 것이 아니라 여러 가지가 가능한 만큼, 이에 따라 기대할 수 있는 바람직한 결과 역시 다양할 수 있으며, 이렇게 도출된 대안들은 개념적으로 현실에 보다 가까운 방향으로 수렴하는 경향을 보인다.

이때 핵심 개념이 바로 '최근접 대안 현실'(closest possible world)인데, 이는 현실에서 최소한의 변화만을 가지고 바람직한 결과를 만들어 내는 대안적 상태를 뜻해요…. 그런데 실제 상황에서는 대체로, 나름대로 의미가 있거나 관련성을 가진 '근접 대안 현실들'이 다수 존재할 수 있으며, 이러한 각각의 대안에 따라 반사실적 설명을 다양하게 제시하는 편이 단 하나의 '최근접 대안 현실'만을 제시하는 경우보다 훨씬 유익할 수 있죠.*

사실 이러한 접근 방식은 스포츠에서도 매우 유용하다. 감독이나

---

*https://papers.ssrn.com/sol3/papers.cfm?abstractid=3063289 Counterfactual Explanations Without Opening the Black Box: Automated Decisions and the GDPR", Harvard Journal of Law & Technology, 31, 2, 2018; last revised: 22 April 2019; by Sandra Wachter (of Oxford – Oxford Internet Institute); Brent Mittelstadt, (University of Oxford – Oxford Internet Institute); Chris Russell (Amazon Web Services), Inc.

코치 같은 해당 분야 전문가가 AI에 의해 제시된 해결 방안을 보다 면밀히 살필 수 있기 때문이다. 예를 들어, AI 프로그램이 'A 선수가 출전하면 팀이 항상 패배한다.'는 패턴을 밝혀냈다고 하자. 이에 따른 간단한 해결책은 A 선수를 제외시키는 것이다. 하지만 코치진이 '반사실적 설명' 접근 방식을 적용해 분석해 보면, 문제의 본질은 A 선수의 출전 자체가 아니라, 그 선수의 출전 때문에 팀의 경기 운영 방식이 달라지면서 발생하는 문제라는 부분이 드러날 수 있다. 따라서 이런 접근 방식은 인간과 기계의 협력 관계에서 중심을 잡고 있어야 할 인간-기계 상호 작용의 본질을 정확히 밝혀내는 계기가 될 수 있다. 왜냐하면 그 과정에서 인간과 기계 측의 강점과 한계가 명확하게 드러나기 때문이다. 또한, 이 방식은 블랙박스 모델에서 변수 입력 시 어떤 변수를 바꾸면 다른 해결책이 도출되는지를 이해하는 데 유용하며, 갈수록 복잡해지는 심층 신경망(Deep Neural Network) 같은 모델을 다룰 때 어떤 변수가 보다 효과적인지를 파악하는 데 활용할 수 있다.

AI 기반 코칭

향후 운동선수의 인지 훈련을 위한 장치로, 인간의 뇌와 컴퓨터를 직접 연결하는 뇌-기계 인터페이스(brain-machine interfaces) 기술은 이제 막 이론 연구를 마치고 인체 실험 단계에 접어 들고 있다. 기술 개발 초기에는 실험 결과를 피드백하지 않는 방식인 오픈 루프

프로그램 중심으로 개발이 이루어졌는데, 이는 선수들의 정신 건강과 인지 능력을 단순 모니터링하면서 경기 중 주요 상황에서 선수의 감정 상태, 인지 반응 정도, 심리적 압박감, 시각적 주의 집중력과 같은 요소를 이해하려는 목적이었다. 그러나 이후 새로운 프로그램은 선수들의 생물학적 데이터를 학습하고, 이를 바탕으로 개인 맞춤형 의료 관리, 훈련 및 회복 프로그램을 개발하는 방향으로 나아갈 것으로 보인다. 그리고 마지막으로, 실험 결과를 피드백하는 폐쇄 루프(closing the loop) 프로그램 방식이 적용되면, 스포츠 분석의 패러다임 자체가 크게 바뀔 수 있는데, 이는 단순히 선수의 정신적 측면을 모델로 이해해 보려는 수준을 넘어, 선수가 다양한 훈련 방식과 운동 지식 습득 과정에서 스스로의 반응을 관찰해 가며 훈련을 진행하고, 그 결과를 가지고 정신적 특성과 신체적 특성 및 경기 스타일에 최적화된 개인 맞춤형 코칭을 제공하는 것으로 발전할 수 있다.

신경과학은 심리학과 연계되어 운동선수들의 정신 건강을 강화할 수 있는 또 다른 학문 분야로, 여기에 AI 기술이 도입되면 훨씬 효과적으로 정신 건강 증진에 기여하리라 예측된다. 신경과학의 발전은 선수가 자기 뇌를 훨씬 잘 조절할 수 있게 훈련시키고 강화하는 데 도움을 주어, 궁극적으로 운동 수행 능력을 비약적으로 향상시킬 수 있다. 최근 스포츠 산업 분야에서 급속히 발전 중인 영역이 두뇌에서의 정보 처리 속도와 반응 시간 같은 요소들을 정밀하게 측정할 수 있는 수단들이 빠르게 늘어나고 있다는 점이다. 이처럼 생의학과 신경과학의 융합은 궁극적으로 인간의 뇌를 업그레이드시켜 프로 세계의 운동선수가 스스로 경기 수행력을 지속 향상시키는 데 실질적인 도움을 줄 것이다.

그러나 이는 선수의 고유 능력 대 '증강 능력'(augmented ability)이라는 심각한 문제 제기로 이어질 수 있다. 어쩌면 선수의 선천적 능력과 AI 기술로 강화된 능력 사이의 균형점이 어느 시점부터 인간의 고유 능력 중심에서 점차 기계 중심으로 바뀌는 것은 아닐까? 만약 선수의 지식 습득 능력이 AI 기반 기술의 능력에 압도되어, 인간의 신경학적 의사 결정 과정이 지속적으로 조정당하고 그렇게 최적화된다면, 이는 결국 선수의 인간성을 훼손하고, 나아가 스포츠의 공정 경쟁 자체를 위협하는 결과로 이어지지 않을까?

현재 일론 머스크의 뉴럴링크사(Neuralink)에 의해 촉발된, 인간의 뇌에 마이크로칩을 직접 이식하는 실험과 관련된 논란은 기술적 또는 신경의학적 방법으로 인간의 신체와 뇌를 강화하려는 시도가 불러올 필연적인 윤리적 논쟁의 서막에 불과하다.

2021년 4월, 뉴럴링크사는 마카크 원숭이의 뇌에 두 개의 장치를 성공적으로 이식하여 원숭이가 생각하는 것만으로 비디오 게임을 조작하는 모습을 공개했다. 직후 일런 머스크는 기자회견을 통해 향후 12개월 내에 인간을 대상으로 실험을 진행하겠다고 발표했다.

일론 머스크 특유의 과장을 감안하더라도, 관련 기술의 발전 속도는 눈이 부실 정도이다. 20년 전만 해도, 데이비드 크로넌버그 감독의 영화 『엑시스텐즈』(eXistenZ, 1999년 개봉)*에서는 척수 하단에 장착한 바이오 포트를 통해 컴퓨터에 접속하고, 엄브리코드(umbrycord)라는 케이블로 가상 현실 게임기와 연결하는 수준의 '공상과학 세계'를 상상하고 있었다. 이를 위한 영화 홍보 문구도 "일단 연결되면, 현실과 게임 구분은 더 이상 불가능하다!"였다. 크로넌버그 감독이 자신만의 방식으로 미래를 상상한 작품이었지만, 이미 그 시기에 세계 도처에서는 이와 유사한 실험이 진행되고 있었다. 실제로 당시 일부 연구원은 원숭이의 뇌에 기계 장치를 삽입해 컴퓨터 커서를 움직이게 하는 데 성공한 바 있다.

어쨌든 그 시기에 벌어진 일들로, AI 프로그램의 지원 기술은 눈부시게 발전해 왔다. 『엑시스텐즈』와 『매트릭스』 같은 영화에서 묘사된 복잡하고 거추장스러운 장비는 이제 최첨단 무선 시스템으로 대체되었고, 뇌에 삽입되는 전극도 획기적으로 발전해 외형상 머리에 어떤 흔적도 남기지 않을 수 있게 되었다. 그러한 사실만으로도 섬뜩할 정도이다.

신체에 AI 기술을 이식해 학습 능력과 경기력을 강화하는 선수를 상상할 수 있게 되면서 윤리적 쟁점뿐만 아니라 기술 활용 및 운영상의 문제점 또한 빠르게 부각되고 있다. 그렇다면 규제 기관은 언제, 어떻게 개입하여 이러한 기술 남용을 방지하는 조치를 마련해

---

*영화 『매트릭스』와 같은 해에 개봉된 영화임.

야 할까? 과연 AI 시스템이 이런 식으로 활용되는 것이 옳은가? 만약 선수가 이러한 시스템 사용을 거부한다면 어떻게 되는가? 개인 데이터의 프라이버시 침해 문제는 또 어떻게 해결할 수 있을까? 실제로 많은 운동선수가 이에 우려를 표명하며, 본인의 데이터를 직접 소유하거나 최소한 비공개로 유지하기를 바라고 있다. 한편, 이런 기술에 접근할 수 없는 조직이나 선수는 어떻게 될까? 실질적으로 불리한 처지에 놓이지 않을까? 이러한 문제는 제3자적 입장을 가진 정부 차원의 공식 규제 기관 또는 순정부 기관의 설립이 너무 늦지 않게 이루어져야 함을 강하게 시사하고 있다.

한편, 스포츠 분야에서 AI 기술의 도입 필요성은 교육적 측면에서도 중요하게 제기되고 있다. 축구 종목에서 다음 경쟁 우위 요소가 무엇일지에 대한 질문을 받자, 아르센 벵거(Arsene Wenger, 전 아스널 FC 감독, 현 FIFA의 국제 축구 발전 위원장)는 다음 단계에서 이루어질 경기력 도약은 선수들이 '어떻게 학습하는가'를 얼마나 심도 있게 이해하는지에 달려 있다고 답했다.* 다만, 벵거 감독이 대답하면서 뇌에 칩을 이식하는 방식의 AI 강화 학습까지 염두에 두었는지는 의문이다.

어찌 되었든, AI는 딥러닝, 게임화(gamification), 예측 모델링, 고스팅 훈련 프로그램(가상 선수를 활용한 시뮬레이션 기반 훈련) 등 온갖 첨단 교육 기법을 활용해 새로운 해법을 제시할 것이다. 코로나-19 팬데믹은 디지털 학습으로의 전환을 급격히 몰아갔지만, 초기에는 스포츠 산업은 이러한 변화에서 다소 벗어나 있었다. 하지만 그 차이는 그리 오래 가지 못할 것이다. 사실상, 게임화 기법은 스포츠 산업의 경계를 넘어, 전체 교육 생태계의 기반을 뒤흔들 잠재력을 지니고 있기 때문이다.

스포츠 분야에서 AI 기반 학습 기회는 매우 빠르게 확장될 것이다. 이는 페널티킥 같은 2인 간의 정적 상황에서의 게임 이론 분석에서 출발하여, 축구나 농구처럼 유동성과 복잡성이 큰 경기에서 발생하는 더 정교한 문제들로까지 영역이 넓어질 것이다. 이러한 점에서 이들 종목은 테니스처럼 전형적인 2인 대결 구조의 종목과 비교하면 상당한 차이를 보인다. 경기에 관여하는 선수의 수, 전략 공간의 규모와 그 통제 방식, 각 선수의 지식 수준과 기회 창출 능력, 행동 방식의 다양성 등의 요소들은 앞으로 AI 연구원들에게 중요한 도전 과제가 될 것이다.

사이보그 및 로봇과 공존하는 미래의 스포츠

최근에는 조끼에 내장된 GPS 추적기를 활용하면, 운동장에서 뛰는 선수들의 위치는 물론 숨소리까지도 모두 추적하고 모니터링할 수 있다. 여기에 인조 잔디 같은 경기장 바닥에 수신기를 설치하면 (머지않아 그렇게 될 것이다.), 페널티 구역 같은 특정 공간을 기준으로 선수의 위치를 센티미터 단위까지 정밀하게 파악하는 것도 가능

---

*저자의 직접 인터뷰

해진다. 게다가 선수가 신는 운동화에 센서를 장착하면, 다리 동작 속도는 물론, 발목이나 다른 관절에 걸리는 토크까지 실시간으로 측정할 수 있는데, 그 결과는 실로 놀라울 정도이다. 이와 같은 첨단 기술이 제공하는 데이터는 질적으로도 매우 우수하여, 예를 들어 선수의 미세 움직임을 1초당 1,000회까지 샘플링할 수 있다.

그러나 AI 기술로 크게 '증강'된 선수를 인정하는 사람이라 해도 경기장에서 로봇이나 사이보그가 돌아다니고 있는 모습은 여전히 쉽게 받아들이기 어렵고 아마도 불편하게 느껴질 수 있다. 이러한 장면이 스포츠계의 확실한 미래라고 단정할 수는 없지만, 그 가능성을 배제할 수도 없다. 인간 지능과 기계 지능의 융합을 추구하는 다른 분야의 연구가 진전을 거듭한다면, 그 연구에서 파생된 일부 성과가 스포츠계에서 받아들여지지 않을 것이라고는 상상하기 어렵다.

대부분의 혁신이 그러하듯, 진정한 돌파구는 종종 절박한 필요에서 비롯된다. 로봇 공학 박사이며 과학자인 피터 스콧-모건(Peter Scott-Morgan)은 2017년 루게릭병으로 알려진 운동신경세포 질환을 진단받았다. 그는 진단 직후 즉각, 이 치명적인 질병을 기술 발전의 기회로 전환하겠다는 계획을 세웠다. 즉, 자기 보존을 위한 실험이자 인간 본성에 관한 과학적 탐구를 수행하기로 결심한 것이다. 그런 의미에서 자신의 탁월한 두뇌가 빠르게 쇠약해지는 몸을 대신해 모든 것을 통제할 수 있어야 한다고 판단했다.

나는 아직 매우 지적이고, 충분히 용기도 가지고 있고, 게다가 이렇게 멋진 첨단 기술에 대해서도 정통하니까… 이제부터는 공상과학을 어디까지 현실로 바꿀 수 있는지 한번 도전해 봅시다.*

스콧-모건은 아직은 비교적 쉽게 움직일 수 있는 동안, 향후 닥쳐올 신체 쇠약에 대비하여 외과적 수술을 통해 자기 몸의 일부를 개조하는 작업에 착수했다. 언젠가 신체에 대한 제어력 상실은 불가피하다고 보고, 그 상황에 대비하고자 한 것이다. 그의 구상은, 자신의 지성이 AI 기술로 구동되는 일종의 '외골격', 즉 뇌로 제어되는 바디슈트 안에 존재하게 만드는 것이었다. 원숭이조차 생각만으로 비디오 게임을 할 수 있다면, 스콧-모건처럼 뛰어난 지성이라면 시선 제어 기술을 통해 가상 현실에 더욱 쉽게 접근할 수 있으리라 본 것이다.

스콧-모건이 설립한 재단의 목표는, 인간이 AI와 로봇 기술로 신체를 강화함으로써, 앞으로 어떤 어려운 상황에 처하게 되더라도 더 이상 신체적, 정신적 제약 없이 살아갈 수 있는 새로운 미래 세상을 그리는 데 두고 있다. 스콧-모건 재단의 웹사이트에 올려진 글은 그의 비전이 얼마나 인간 중심적인지를 잘 보여 주고 있다.

AI는 얼마든지 인상적인 단독 공연을 벌일 수 있습니다. 관객의 탄성을 자아내겠죠. 그러나 그것으로 AI의 잠재력이 모두 드러난

*Peter: The Human Cyborg—All 4 (channel4.com).

건 아닙니다. 만약 AI가 전혀 다른 능력자인 인간이나 월등한 재능의 소유자인 인간과 제대로 융합되어 실력을 발휘한다면, 그렇게 고안된 합동 공연은 한편의 마술처럼 보일 겁니다. 스콧-모건 재단의 연구 중심에는 항상 인간 중심 AI가 있습니다. 즉, AI와 인간의 온전한 결합입니다. AI만의 또는 인간만의 단독 공연이 아닙니다. 서로 의지하는 파트너십, 경쟁이 아니라. 시너지 효과, 제로섬 게임이 아니라. 마치 한편의 재즈 콤보처럼.

스콧-모건 재단의 설명은 이렇게 이어진다.

우리가 이런 연구를 하는 이유는, 그것이 가져올 엄청난 혜택 때문만은 아닙니다. 그렇게 하지 않는다면, 앞으로 사회적으로 심각한 반발이 뒤따를 수 있다고 보기 때문입니다. 날것 그대로의 AI가 '급격한 통제 이탈' 같은 상황에 빠질 수 있다는 우려 때문입니다.

스포츠 산업에서의 목표가 인간의 몸과 뇌, 기계의 완전한 통합은 아니지만, 어쨌든 스콧-모건 같은 연구원이 진행하는 AI 연구와 기술은 과거의 『6백만 불의 사나이』*같은 공상 과학이 점차 현실이 되어 가고 있음을 보여 준다.

---

*1972년 출간된 마틴 케이들린의 『사이보그(Cyborg)』라는 소설을 기반으로 제작한 공상 과학 TV 드라마. NASA의 시험 비행사가 끔찍한 사고로 중상을 입지만, 생체공학적 이식 기술을 통한 전신 개조 수술로 초인적인 힘, 속도, 시력을 지닌 반인간/반로봇 존재로 활약하게 된다는 이야기이다.

최근 몇 년 동안 모든 스포츠 종목에서 부상 회복 기간은 꾸준히 단축되고 있으며, 앞으로도 더욱 개선될 것이다. 고관절 수술 후에도 그랜드슬램 테니스 대회에서 경기를 치르고 우승까지 거머쥔 앤디 머레이(Andy Murry)의 사례는, 과거 같으면 선수 경력이 끝나 버리는 문제였지만, AI 기술이 가져올 변화가 낙관적임을 보여 준다.*

토니 웨스트브룩은 영국 노팅엄 대학병원 소속 NHS재단의 외상 및 정형외과 전문의이자, 노팅엄 지역의 정형외과 진료를 조율하는 비응급 정형외과 위원회 의장으로 일하고 있다. 그는 앤디 머레이 선수의 회복 과정에서 AI 기술이 어떤 도움을 주었는지를 이렇게 설명한다.

AI 기술이 앤디 머레이 선수에게 도움을 준 부분은 수술 시기 결정과 관련이 있습니다. 머레이 선수에게 고관절의 인공 관절 수술이 필요하다는 점은 명확했지만, 그 수술을 언제 받아야 할지, 한다면 어느 수준까지 회복 가능한지를 판단하는 게 핵심 관건이었습니다. 수술의 성공 여부를 테니스 코트로 복귀하는 정도로 보아야 할지, 대회 참가가 가능한 정도로 보아야 할지, 아니면 대회에서 우승해야만 성공한 것이라고 보아야 했을까요? 머레이 선수가 통증 치료를 받아 가며 1~2년 정도 (모든 것을 걸고) 더 경기를 치른 후 은퇴하는 길을 택했더라면 어땠을까요? 아니면 조금 더 일찍 수술받

---

*앤디 머레이 선수의 수술 회복 과정에 어떤 AI 기술이 쓰였는지 알고 싶으면 https://www.google.com/url?q=https://www.forbes.com/sites/jamesayles/2019/06/30/how-technology-helped-andy-murray-return-to-the-top/?sh%3D59d5d25a1e91&sa=D&source=editors&ust=1628015841077000&usg=AOvVaw2ax6ukw1V3NDPgWtR1iGE1 참조

고 조금이라도 젊은 나이에 회복에 들어갔다면 어땠을까요? AI는 인간 의사들이 오랜 기간 축적해 놓은 방대한 분량의 데이터를 분석하는 중노동을 대신 수행하면서 '최적의 치료 시점'을 제시할 수 있었습니다. 오늘날에는 외과 수술 자체와 외과 전문의의 숙련도에 대해서는 이미 상당한 예측이 가능합니다. 유사한 수술이 워낙 많이 이루어졌기 때문이죠. 진짜 변수는 환자의 나이, 성별, 건강 상태, 재활 의지, 재활 활동 노력 같은 인간적 요인입니다. 우리 의료진은 AI가 언젠가 이러한 모든 요인을 감안하여 수술의 성공을 예측하는 공식이나 알고리즘을 개발하여 환자와 의사 모두에게 도움을 줄 것으로 기대하고 있습니다.*

웨스트브룩 박사 같은 의료진의 관점에서 보면, AI의 역할은 산더미 같이 쌓인 데이터를 신속히 처리하고, 그 속에서 일정한 패턴이나 흐름을 식별해 내어, 지금껏 해결하지 못한 난제에 대해 해답을 제시하는 데 있을 것이다. 웨스트브룩 박사는 인구통계학적 정보, 방사선 영상 자료, 환자의 자가 기록 데이터 등 관련 모든 지식을 동원하면, 향후 치료 방침에 따른 예측력이 크게 향상될 것이라고 말한다. 지금까지는 외과 전문의의 경험에 절대적으로 의존해 왔지만, 머지않아 인간 의사가 이 과정에서 완전히 배제되는 날이 올지도 모르겠다. 하지만 적어도 현시점에서는 AI가 외과 전문의를 보조하는 것이야말로 AI가 가장 잘 할 수 있는 일이며, 이는 모

---

*저자의 직접 인터뷰

든 스포츠 산업의 구성원이 자의든 타의든 받아들을 수밖에 없는 거대한 흐름이다.

스포츠 의학과 AI

운동선수가 자신의 부상을 정확히 예측하고 예방할 수 있다면 그 가치는 금전적으로 환산할 수 없을 만큼 크다. 실제로 스포츠 산업 전반으로 보면, 선수의 결장으로 인한 손실 규모는 수십억 달러에 이를 수 있다. 예를 들어, 2020년 영국 프리미어리그에서 수행된 연구에 따르면, 부상으로 인한 결장 일수는 팀의 최종 순위와 선수단 전체를 금액으로 환산한 스쿼드 가치를 반영해 산출한 예상 순위 간의 차이와 뚜렷한 상관 관계를 보이는 것으로 나타났다.

다음은 연구 보고서에서 제시한 계산 결과이다.

선수 부상으로 인한 총 결장 일수가 약 136일에 달하면, 팀은 리그에서 승점 1을 잃게 되며, 총 결장 일수가 약 271일에 이르면 팀 순위는 한 단계 하락하는 것으로 분석되었다.*

이러한 분석에 따르면, 프리미어리그에서 선수의 부상으로 인한 팀의 경기력 저하가 팀당 시즌마다 약 5천만 파운드의 손실을 초래하는 것으로 추산된다. 불과 승점 1점 차이로 강등될 경우, 해당 팀은 방송 수익에서 1억 달러 이상의 손실을 입게 된다. ― 말 그대로

*https://journals.sagepub.com/doi/abs/10.1177/2325967120S00360

최악의 상황인 셈이다.

한편, 미국 내셔널 하키 리그(NHL)에서도 부상 선수들의 결장으로 인해 매년 2억 달러 이상의 손실이 발생하는 것으로 추정되며, 그 가운데 뇌진탕에 따른 손실만 해도 연간 약 5천만 달러에 달하는 것으로 나타났다. 이에 따라 NHL은 등록 선수 2,300명 이상의 데이터를 수집하고, AI 기술을 활용해 다음 시즌의 부상 가능성을 분석한 결과 선수별 부상 위험을 평균 95%의 정확도로 예측할 수 있었다.*

최근 몇 년간, 스페인의 프로축구 라리가에 속한 헤타페 CF(Getafe CF)는 선수 부상을 예측하는 기능을 존7(Zone7)이라는 업체에 외주 의뢰했는데, 다음은 이 회사가 제공한다고 주장하는 서비스의 내용이다.

> 데이터 기반 인공지능 시스템을 활용해 선수들의 경기력과 출전 가능성을 높은 수준으로 유지할 수 있도록 지원

회사는 이 시스템으로 부상에 따른 결장 일수를 70%까지, 부상률을 75%까지 낮출 수 있다고 주장한다. 설령 이러한 수치가 다소 과장된 것이라 하더라도 대단히 놀라운 결과이며, 이는 AI 기술이 어떤 스포츠 조직에 대해서도 특별한 가치를 부여할 수 있다는 잠재력을 보여 주는 사례라고 할 수 있다.*

---

*https://zone7.ai/

이러한 아웃소싱 방식은 전술 분석과 같은 민감한 데이터를 다루기에는 적절하지 않을 수 있지만, 스포츠 팀이 훈련 데이터나 경기 당일 데이터를 존7 같은 업체에 보내면, 해당 업체는 자체 AI 시스템을 활용해 데이터를 분석하고, 그 결과를 다시 팀에 돌려주는 구조로 매우 효율적으로 작동하고 있다. 그리고 여기서 주목해야 할 점이 있는데, 바로 이와 같은 데이터 분석 과정에서 기계가 학습을 진행한다는 사실이며, 이는 데이터 분석 수행 업체나 분석을 의뢰한 스포츠 팀 모두에게 중요한 자산이 된다. 현재 선수들의 부상 예측 분석을 외부에 아웃소싱해 활용하고 있는 스포츠 분야로는 미국 럭비 유니언, 메이저리그 야구(MLB), 그리고 대부분의 전미 대학 체육 협회(NCAA) 산하 기관들이 있다.

아웃소싱을 활용한 부상 예측 관리 단계를 넘어, 선수들의 종합적인 건강 관리 역시 점차 AI의 영역으로 들어오고 있다. 예를 들어, 2020년, 전미 미식축구 리그(NFL)는 아마존의 클라우드 기반 인공지능 및 머신러닝 기술을 활용해 NFL 소속 선수들의 건강 데이터를 분석하고, 이를 통해 선수들의 전반적인 건강 상태 및 웰빙 상태를 평가할 계획이라고 발표했다. 이와 같이 스포츠 의학 분야에서 AI 활용이 빠르게 확산되고 있는 주된 이유는 많은 다른 산업 분야에서와 마찬가지이다. ― 즉, 어마어마한 양의 데이터를 고성능 컴퓨팅 자원을 통해 처리할 수 있는 환경이 조성되었기 때문이다.

머신러닝은 MRI 영상 이미지 해석 분야에서도 고무적인 성과를 보이고 있으며, 전방십자인대(ACL) 파열 같은 부상을 감지하거나 치료 개입의 성공 여부를 판단하는 데까지 활용 범위가 점차 확대되고 있다. 예를 들면, 매우 기초적인 수준에서 이루어진 연구이지만, 포츠담 대학의 리가몬티(Rigamonti) 등이 머신러닝을 활용해 진행한 가상의 사례 연구에서는 다음과 같은 고무적인 결과가 도출되었다.

- *23세 남성 환자: 경미한 뇌진탕 확진*
- *27세 여성 환자(발목 염좌 추정): 인대 및 뼈 손상은 없지만 응급실 방문 권고*
- *19세 남성: 허벅지 근육통 확진*
- *26세 남성 환자 사례(만성 ACL 불안증): 알고리즘이 병변의 만성적인 점까지 충분히 반영하지 못했으나, 의사 진료 권장으로 환자에게 도움이 될 것으로 판단*
- *41세 남성 환자: 만성 상과염 확진**

그 밖에도 여러 유형의 AI 시스템이 다양한 앱을 통해 정형외과 부상에서 회복 중인 환자들을 모니터링하고 있으며, 관절 가동 범위라든가 약물 요법, 상처 상태, 회복 진행 상황 같은 주요 지표를 분석하여 관련 경고 신호를 환자와 의료진에게 즉시 전달하고 있다. 이러한 시스템은 치료 효과뿐만 아니라 환자의 치료 과정 준수

---

*Rigamonti et al, BMC Sports Science, Medicine and Rehabilitation (2021) 13:13 https://doi.org/10.1186/s13102-021-00243-x

측면에서도 매우 고무적인 결과를 보여 주고 있다.

스포츠 분야에서 다양한 AI 기반 연구가 진행되고 있지만, 그중에서도 스포츠 전반에 중대한 영향을 미칠 만한 잠재력을 지닌 분야는 바로 유전체 연구이다. 운동선수가 탁월한 성과를 거두려면 동기 부여, 몰입, 충분한 연습(1만 시간의 법칙 등) 같은 환경적 요인이 중요하다는 사실은 널리 받아들여지고 있지만, 유전적 요인의 중요성에 대해서는 과학적 데이터 확보의 한계로 인해 지금껏 명확히 규명되지 못한 측면이 있다.

하지만 최근(2020년) 카타르 대학교 생의학 연구소에서 엘리트 선수들의 특정 유전자 특성을 분석한 게놈 연구는 이 분야에 의미심장한 가능성을 제시하고 있다.* 연구의 주요 결론 중 하나가, 엘리트 선수의 운동 재능이 일반적으로 널리 알려진 환경적 요인도 있지만, 이에 더하여 지구력이나 근력 훈련을 감당하는 데 유리하게 타고 난 선수의 유전적 특성의 영향 때문일 수 있다고 주장하기 때문이다.

이러한 주장이 사실로 입증된다면, 이는 불법 스테로이드 약물이 선수들로 하여금 통상적인 수준을 넘는 고강도 훈련을 견딜 수 있게 만드는 것과 유사한 효과를 자연적으로 낼 수 있다는 의미가 된다. 다만, 이 경우에는 선수의 몸에서 일어난 유전적 변이에 따라 나타나는 효과라는 점에서 차이가 있을 뿐이다. 즉, 해당 유전적

---

*www.qu.edu.qa/static_file/qu/research/magazine/English-13.pdf

변이는 체내에서 스테로이드 호르몬을 새롭게 만들어 내는 것이 아니라 이미 존재하는 호르몬을 조금 더 효과적으로 사용하는 것에 불과하다. 그러나 이러한 지식은 악용될 소지가 다분한데, 예를 들어, 특정 유전적 변이를 기준으로 삼아 엘리트 선수의 발전 잠재력을 사전에 판단하거나, 개인의 유전적 특성에 맞춘 맞춤형 훈련 프로그램을 설계하려는 유혹이 생길 수 있다. 그리고 더욱 우려되는 점은 이러한 유전적 특성을 근거로 일부 선수를 고난도 경기력 증진 프로그램에서 제외시키려는 시도가 이루어질 가능성이다. 현재 카타르 대학교 연구소에서 밝혀낸 유전자 변이는 지구력 향상과 관련이 있으며, 이는 모든 스포츠 종목에서 일정 수준 이상을 요구하지만, 특히 마라톤이나 도로 사이클 같은 장거리 종목에서 중요하게 여기는 체력 요소이다.

지금까지 설명한 모든 내용은 AI 기술이 스포츠 산업 발전에 있어 필수 자원으로서 거침없이 성장 중임을 보여 주고 있다. 이러한 맥락에서 의료계 종사자가 두려움을 느낄 이유는 전혀 없다. AI 기술은 의사를 대체하려는 것이 아니라, 오히려 인간이 지닌 고유한 능력을 보완해 주는 수단으로 활용될 것이기 때문이다.

2021년 미국 스포츠 의학 저널(American Journal of Sports Medicine)에 실린 한 연구 보고서는 이에 대해 이러한 결론을 내리고 있다.

AI는 과학 기술 분야에 혁명적 변화를 가져왔으며, 이제 정형외

과, 특히 스포츠 의학 분야의 본격적인 변화를 예고하고 있다…. AI 기술은 결코 의사의 책임을 대체하려는 것이 아니라, 오직 의사의 역량을 강화하는 보조 수단으로만 받아들여야 한다. 한편, 스포츠 의학 전문의 역시 나날이 발전하고 있는 AI 연구를 자신의 관심 영역 밖의 일로 치부해서는 안 된다. 미래의 정형외과 진료 현장에서는 외과의사가 AI와 머신러닝(ML)의 존재를 깊이 이해하고, 이 강력한 첨단 기술의 장점을 최대한 살릴 수 있도록 책임감 있게 활용하는 데 주도적인 역할을 해야 할 것이다.*

이 보고서의 결론은 스포츠 의학 전문가와 AI 전문가 사이의 협력 필요성을 더할 나위없이 명확하게 설명해 주고 있다.

---

*Sports Medicine and Artificial Intelligence: A Primer by Prem N. Ramkumar et al. 26 April 2021 Research Article, The American Journal of Sports Medicine. https://doi.org/10.1177/03635465211008648

10장 스포츠 환경의 미래

AI가 이끄는 스포츠의 대중화 및 평준화

　스포츠 분야에서 AI 기술의 활용은 엘리트 선수들만을 위한 것은 아니다. 예를 들어, 개발 비용이 낮아진 AI 기술은 엘리트 선수들의 스카우트 과정을 자동화하는 데 기여해 왔으며, 이러한 기술 발전은 하위 리그에 속한 선수나 저개발 국가 및 지역 출신의 선수들에게도 유익할 수 있다. 이들 선수는 상대적으로 노출 기회가 적지만, AI 기반 스카우팅 시스템이 보다 저렴해지고 접근성이 향상된다면, 경제적으로 여유 있는 선수들과 비교해도 노출 기회가 점차 공평해지면서 재능을 인정받기가 훨씬 수월해질 것이다. 그리고 이러한 변화는 어떤 스포츠이든 리그의 수준과 관계없이 선수

스카우트에 필요한 데이터의 일관성을 높이는 데 기여할 것이다.

AI 기술을 통해 수집된 데이터가 많아질수록, 세계 어느 지역 출신의 선수이든 양질의 훈련을 받을 수 있는 기회가 평등하게 제공될 것이다. 이미 앞서 언급한 홈코트 같은 다양한 앱의 활용이 이러한 변화를 증명하고 있다. 나이나 거주지와 무관하게 모든 선수가 AI 기술의 혜택을 누릴 수 있는 가능성은, 픽셀롯사가 도입한 인공지능 카메라 플랫폼 같은 혁신적인 기술 사례를 통해 분명하게 드러나고 있다. 픽셀롯사는 아프리카 전역에서 유료 TV 스포츠 중계를 제공하는 슈퍼스포트사(Supersport) 및 또 다른 비즈니스 솔루션 업체와 삼각 파트너십을 맺고, 인간 카메라 기사가 없이도 스포츠 경기를 촬영하여 아프리카 전역의 학교에서 시청할 수 있는 네트워크를 구축하였다. 이 시스템은 전적으로 자동으로 운영된다.

이러한 시스템은 경기 관련 콘텐츠를 추출하여 이를 다양한 최신 정보 통신 기기로 전달하는 업무가 중심이며, 이를 통해 스포츠의 대중화와 평준화 과정에서 핵심적인 역할을 하고 있다. 그러나 동시에, 제품의 질을 지속적으로 향상하고 기업 성장을 도모하기 위해서는 수익 창출이 중요하다. 이를 위해 픽셀롯사는 50여 개 국가에서 서비스를 제공 중이며, 특히 미국 전역의 수천 개의 교육 기관에 자사 시스템을 보급하고 있다. 엘리트 스포츠 분야에서는 스페인 프로축구 라리가 소속 FC 바르셀로나 산하 종합 스포츠 조직 전반에 걸쳐 AI 기반 스포츠 비디오 시스템을 제공하고 있다. 그렇지만 픽셀롯사 역시 빠르게 성장 중인 AI 기반 스포츠 시장에 진입하고자 치열하게 경쟁 중인 수많은 기업들 가운데 하나일 뿐이다.

간혹 간과되곤 하지만, 'e스포츠'가 이른바 '진짜' 스포츠에 미치는 영향 또한 스포츠 분야의 대중화를 촉진하는 주요 요인 중 하나이다. e스포츠는 연평균 20%에 달하는 높은 성장률을 기록하며, 연간 수익이 10억 달러를 초과할 정도로 눈부시게 성장해 왔다. 다만 최근 2~3년 사이에는 이러한 성장세가 다소 둔화되는 추세를 보이고 있다.*

e스포츠 관련 기관이나 커뮤니티에서는 AI가 가상 스포츠 환경 개발에 필요한 자원을 크게 절감시켜 줄 것으로 보고 있으며, 이로 인해 가상의 스포츠 경험과 '진짜' 스포츠 경험 간의 간극이 좁혀지고, 나아가 엔터테인먼트와 기술 개발, 스포츠 간의 경계도 점차 허물어질 것으로 전망하고 있다. 그렇게 되면, 누구나 자신만의 가상 스포츠 세계를 만들고, 타인을 그 세계로 초대할 수 있다. 아무리 멋진 스포츠 이벤트라도, 관람 기회가 현장을 직접 찾을 수 있는 소수의 부유한 사람들에게만 국한되지 않을 것이다. 지금까지의 e스포츠 성장세를 감안하면, 현재의 스포츠 '게이머' 세대는 나이가 들어도 계속 게임을 즐길 가능성이 크며, 다음 세대와 그 다음 세대가 유입되면서 e스포츠는 지속적으로 성장해 나갈 것이다.

한편, 일상생활에서 컴퓨터 이용과 인터넷 연결이 보편화되고, AI 기술이 한층 고도화되면, 언젠가는 e스포츠가 올림픽에서 정식

---

*https://www.statista.com/statistics/490522/global-esports-market-revenue/

종목으로 채택되는 날이 올 수도 있다.* 만약 e스포츠 시장의 수익이 '진짜' 스포츠 시장을 추월하게 된다면, 자본의 논리가 작용하여 e스포츠는 엔터테인먼트 산업 분야에서 핵심 주체로 부상하고, 그 과정에서 AI 기술은 점점 중심적인 역할을 맡게 될 것이다. 또한 '진짜' 스포츠 팬과 e스포츠 팬이 서로 결합하게 되면, 팬덤의 규모는 훨씬 크게 확대되어, 결과적으로 전체 스포츠 시장의 규모를 배가시킬 수 있다.

AI를 통해 확장되는 팬 경험

미래에는 스포츠 팬과 일반 관중, 그리고 콘텐츠 소비자 사이의 상호 작용이 더욱 활발히 이루어질 것이다. 만약 『매트릭스』 세계가 정말 구현된다면, 영화 속에서 본 디스토피아의 세계가 아니라, 히어미치어(HearMeCheer) 같은 기술이 활용되는 세계이면 좋을 것이다. 히어미치어 앱은 집에서 스포츠 경기를 시청하는 팬들의 응원 소리를 수집하여, 이를 실시간으로 경기장에 송출하는 가상 현실(VR) 기반 AI 애플리케이션으로, 미래에는 스포츠의 몰입감을 한층 강화해 줄 것이다. 히어미치어 앱은 무수히 많은 시청자의 개인 공간에서 만들어진 소리가 담긴 오디오 트랙을 하나로 통합해 실제 관중 소리와 유사한 음향을 재현해 낸다. 이 기술의 의도는 스포츠 경기의 현장감을 가상으로 구현하는 데 있다.

---

*현재로서는 e스포츠가 올림픽 정식 종목은 아니지만, IOC는 별도로 '올림픽 e스포츠 대회'를 추진 중이며, 제1회 대회를 2025년 사우디아라비아에서 개최하기로 확정했으나, 이후 2027년으로 연기하였다. 한편, 아시안 게임에서는 2022년 항저우 대회부터 정식 종목으로 인정하고 있다.

이 시장의 성장 가능성은 2021년 초 스포티파이사(Spotify)에서 오디오 기반 소셜 미디어 회사를 인수한 사실에서도 확인할 수 있다. 스포티파이사는 '라커 룸(Locker Room)'이라 불리는 앱을 보유한 베티랩스사(Betty Labs)를 인수했는데, 이 앱은 가상의 오디오 공간에서 스포츠 팬들이 실시간으로 대화를 나눌 수 있게 해 주는 라이브 오디오 플랫폼이다.

한편, 이 분야의 또 다른 유망주인 클럽하우스사(Clubhouse)는 이미 1,000만 명 이상의 사용자를 확보하고 있으며, 이외에도 수많은 스타트업 회사들이 대규모 투자를 받아 가며 속속 시장에 진입하고 있다. 클럽하우스사는 초대받은 사람만 가입할 수 있는 폐쇄형 오디오 앱을 보유하고 있는데, 사용자는 가상 대화방을 자유롭게 오가며 자신이 특별히 관심을 가진 주제를 토론할 수 있고, 당연히 스포츠는 그 핵심 주제 중 하나이다. 이러한 흐름에 발맞춰, 이미 시장에서 입지를 굳힌 슬랙사(Slack)가 이 분야로의 본격 진출을 계획하고 있으며, 마이크로소프트사 역시 소셜 오디오 서비스 업체 인수를 검토 중인 것으로 알려졌다.

앞서 언급했듯이, 라이브 방송 기능과 OTT 플랫폼을 통한 주문형 콘텐츠 제공 능력은 지속적으로 영향력을 확대해 나갈 것이며, 이를 통해 팬들의 지속적 참여를 유지하고, 팬층의 결속을 다질 수 있을 것이다. 또한, AI 기반 애플리케이션은 경기나 선수의 하이라이트 장면 같은 개인 맞춤형 콘텐츠를 더욱 풍성하게 생성해, 이를 소셜 미디어에 공유하게 되면서 팬들의 참여도를 높이고, 홍보 및 수익 창출 효과를 이끌어낼 것이다.

AI 기술과 미래의 경기장

어느 시대나 스포츠 팬들은 자신이 응원하는 팀에 대해 현재 보이는 관심의 수준을 넘어 보다 깊이 관여하기를 바란다. AI는 이런 팬들이 현장에 있든 가상 공간에 있든 다양한 방식으로 목소리를 낼 수 있는 여러 기회를 제공할 수 있다. 따라서 미래의 스포츠 경기장은 기술적으로 항상 최신 상태를 유지하려 애쓰는 것을 물론이고, Z세대와 알파 세대, 나아가 그 이후 세대보다 앞서가려고 노력할 필요가 있다. 이러한 기술에는 증강 현실(AR), 가상 현실(VR), 드론, 로봇, 홀로그램 등은 물론, 우리가 아직 생각해 내지 못한 AI 기반의 다양한 기술들이 포함될 수 있다. 그런 의미에서 스포츠 조직과 관계 기관은 미래 경기장 환경 조성을 위한 기술 인프라 구축에 과감한 투자를 단행해야 한다.

특히 이러한 인프라의 구축은 코로나-19와 같은 상황이 다시 닥쳐 경기장 좌석의 수용 능력을 유연하게 조절할 상황이 발생할 경우에 더욱 중요해질 수 있다. 마찬가지로, 오늘날의 스포츠 팬들은 경기장에서 긴 줄을 서서 기다리는 번거로움 없이 편안하게 돌아다닐 수 있는 환경을 바라고 있다. 경기장이든, 집이든, 또는 어디로 이동 중이든 팬들은 자신이 응원하는 팀과 항상 연결되어 있기를 바란다.

 결국, 경기장의 얼굴을 바꾸는 수준의 전반적인 변화는 스포츠 조직이 직면한 상업적 현실을 감안할 때 불가피하게 추진될 수밖에 없다. 이는 아무리 열정적인 팬이라 하더라도, 일개 소비자로 취급받기보다는 충분한 존중과 배려를 받는 고객으로 대접받기를 원하기 때문이다. 또한, 스포츠 조직의 입장에서도 소수의 팬에게서 더 많은 수익을 내어 재정의 안정을 도모하려면, 팬들이 정말 원하는 경험을 제공하지 않을 수 없기 때문이다.

 그런 의미에서 경기장 안에서 벌어지는 상황과 현장에 오지 못한 팬들의 사이를 매끄럽게 연결해 줄 고리 부분이 향후 스포츠 조직의 수익 창출 및 유지에 핵심이 될 것이며, 그 간격을 메우는 역할을 AI 기반 기술이 담당하게 될 것이다.

 팬들이 티켓을 구매하는 시점부터(디지털 방식의 구입 포함) 경기를 관람하고 집으로 돌아가 편안하게 쉬는 순간까지, 스포츠 조직과 관계 기관은 디지털 방식의 활용까지 포함하여 팬들과 지속적으로 소통하며 편의를 제공할 필요가 있다.

 그런 의미에서, 멋진 팬 경험을 제공하기 위해 반드시 갖추어야 할 요소 중 하나는 개인 안전에 대한 불안을 해소하는 일이다. 얼마 전 영국 웸블리에서 열린 유로 결승전에서 발생한 훌리건 사태는 경기장 보안 시스템에 대한 신뢰가 아직은 충분하지 않다는 사실을 여실히 보여 준다. 얼굴 인식, 스마트 블록체인 티켓 관리, 군

중 통제 시스템 등은 앞으로 팬들이 경기장에서 보다 안전감을 느끼게 해 줄 대표적인 기술적 사례이다. 사전 인증을 거쳐 등록된 팬이라면 보다 쉽게 관리할 수 있으며(필요 시 출입 제한까지), 이들에게서 제공되는 데이터는 스포츠 팬에 대한 참여의 선순환 구조(engagement cycle)를 강화하는 데에도 활용할 수 있을 것이다.

AI 기술이 적용된 경기장의 또 다른 강점은, 기계로 하여금 경기장에서 일어나는 지속적인 변화를 받아들이도록 학습을 시킴으로써 친환경적 환경 조성이 가능하다는 점이다. Z세대와 알파 세대는 탄소 발자국 제로(0)를 추구하는 지속 가능 발전에 특히 높은 관심을 보이는 세대이다. 이에 따라 경기장은, 예를 들면, 물 재활용, 쓰레기 분리 수거, 기타 재사용 가능한 자원 관리 등 구체적인 노력을 통해 환경에 대한 책임을 실천해야 한다.

오늘날 우리 세대는 소매상점을 단순한 상품 판매 공간이라기보다, 특정한 상품과 연계된 사회적 공간으로 인식하고 있다. 예를 들어, 미래의 서점은 커피숍이 딸린 공간이 아니라, 커피숍이 책이나 의류, 스포츠 용품 등을 함께 판매하는 공간으로 변할 것이다. 경기장 역시 마찬가지이다. 우선 사람들이 만나는 장소로 변하고, 나아가 스포츠 활동뿐만 아니라, 콘서트 공연, 경매 시장, 또는 교육 활동이 이루어지는 공간으로 확장될 것이다. 이는 대학교의 웅장한 강의실들이 점차 커피숍으로 옮겨가는 현상과도 닮아 있다. (그 형태가 물리적 공간이든 디지털 공간이든 말이다.)

필자들이 생각하기에는, 경기장의 최종적인 모습은 딥러닝 허브를 기반으로 이루어지는 자동 학습 공간으로 탈바꿈할 것이다. 인공지능은 경기장이 어떻게 활용되고 있는지를 지속적으로 학습하고, 이를 통해 보다 효율적인 운영 방식을 제안하게 될 것이다. 그 결과, 경기장에서는 시설 안팎에서 디지털 커뮤니티에 참여하려는 스포츠 팬들에게(물론 대부분 참여하겠지만) 특별한 개인 맞춤형 팬 경험을 제공할 수 있게 될 것이다.

궁극적으로 디지털 기술의 측면에 볼 때, 경기장 내부와 외부의 경계는 더 이상 사라지고 없을 것이다. 팬 경험을 구성하는 다양한 요소들은 접근성이 뛰어난 하나의 통합된 플랫폼으로 수렴되며, 팬과 플랫폼 사이의 상호 작용은 끊김 없이 자연스럽게 이어질 것이고, 그 과정에서 플랫폼은 단지 시스템 운영자의 의도에 따라 작동하는 것이 아니라, 소비자인 팬들이 행동을 통해 AI 시스템에 전달하는 요구를 기반으로 작동하게 될 것이다.

스포츠 겜블링의 미래

앞서 언급했듯이, 겜블링(도박)은 스포츠 산업에서 떼려야 뗄 수 없는 불가분의 요소이다. 개인의 호불호와는 무관하다. AI는 이미 스포츠 산업 전반에 걸쳐 막대한 영향을 미치고 있으며, 특히 판타지 스포츠 영역과 스포츠 경기 중 진행되는 베팅에서 영향력이 뚜렷하다. 미래의 스포츠 팬들은 기술과 게임 모두에 능통한 세대로,

이는 스포츠 갬블링(도박) 산업의 양대 핵심 기반이라고 할 수 있다. 이들은 자신이 응원하는 팀이나 선수에 대해 통계 자료나 기타 정보를 실시간으로 접속하여 지속적으로 업데이트를 요구하게 될 것이다. 이는 판타지 스포츠 랜드(Fantasy Sports-Land) 같은 게임을 하면서 갬블링 업체나 친구들을 이기기 위해서는 필수적인 정보이기 때문이다. 이러한 모든 정보는 스포츠 리그 및 팀별 공식 웹사이트에서는 물론, 각종 스포츠 전문 네트워크와 스포츠 관련 블로그, 그리고 팬들이 접근할 수 있는 모든 자료 제공원으로부터 나오는 것들이다.

AI가 앞으로 스포츠 갬블링에서 어떤 역할을 하게 될지를 확인하고 싶다면, IBM의 인공지능 시스템 왓슨(Watson)이 이미 판타지 스포츠 분야에서 경쟁력이 있는 미식축구 팀을 구현한 사례만 보아도 충분히 알 수 있다. 이러한 일이 현실로 다가오는 지금, 앞으로 평범한 갬블러에게 남은 유일한 장벽은 AI의 분석 결과에 접근할 수 있느냐 없느냐뿐이다. 전통적인 스포츠 베팅 사업 모델은, 중개자 없이 개인 간 직접 베팅이 가능한 e베이형 플랫폼인 베트페어(Betfair)의 등장에도 불구하고, 심지어 판타지 스포츠가 갬블링 산업의 일환으로 공식 인정받게 되는 상황에서도 여전히 자리를 지키며 생존해 있다. 하지만 블록체인 기술의 급속한 발전은 이러한 균형마저 뒤흔들 가능성이 크며, 어쩌면 그 균형을 영구히 무너뜨릴지도 모른다. 블록체인은 기술적으로 높은 투명성과 운영 비용

절감 효과를 제공하기 때문에, 개인 간(P2P) 베팅 시스템을 빠르게 확산시킴으로써 기존의 스포츠 베팅 사업 모델을 근본적으로 바꾸어 놓을 수 있다.

카지노에서는 AI를 통해 게임 참가자의 습관과 행동을 면밀하게 분석함으로써 고객당 수익을 높일 수 있는데, 이는 바로 카지노 사업 모델의 핵심 원리이기도 하다. 철저히 겜블링 고객으로부터 돈을 거두어 들이는 구조인 셈이다. 그러려면 새로운 고객을 유치하고, 기존 고객을 최대한 유지하는 전략이 필수적이다. 그러기 위해서는 신규 고객에겐 가입 보너스를 제공하고, 마찬가지로 '고래'라 불리는 고액 겜블러에게는 충성 보너스를 제공해 카지노에 계속 머물게 만들고, 나아가 특별 게임(온라인 게임 또는 대면 게임 방식)을 하도록 유도하는 전략이 중요한데, 이러한 전략을 AI 시스템에게 학습시키고 지속적으로 개선해 나간다면 카지노의 수익을 극대화할 수 있다. 결국 AI는 이런 전략의 핵심 지휘자로서, 겜블링 고객보다 한 발 앞서 나아가며, 고객의 요구를 충족시키기 위해 끊임없이 학습을 하게 될 것이다. 그리고 이는 궁극적으로는 겜블러가 겜블링 업체를 이기기 위해 활용하는 AI와, 겜블링 업체가 겜블러를 이기기 위해 활용하는 AI 간의 경쟁, 즉 AI 간에 벌어질 치열한 전쟁으로 귀결될 것이다.

한편, AI의 활용은 겜블링 산업을 촉진하는 모든 구성 요소를 획기적으로 개선할 수 있는 계기가 된다. 사기 예방이나 부정 행위

감지에는 즉각 효과가 나타날 것이고, 수익 증대나 갬블링 활동의 정밀 감시에도 도움이 될 것이다. 물론 고객 서비스 향상에도 기여할 수 있다. 하지만 카지노 입장에서 가장 중요한 점은 AI를 통해 실시간 스포츠 베팅 시장과 경기 중 진행되는 베팅 시장에 즉각적으로 접근하고 참여할 수 있게 된다는 사실이다.

스포츠 세계의 AI 윤리 및 거버넌스

스포츠 갬블링에서 AI의 역할을 이야기하다 보면, 위험스럽지만 피할 수 없는 주제로 자연스럽게 이어지게 된다. 스포츠 분야에서는 물론 사회 전반에서도 AI 활용이 확대됨에 따라 나타나는 윤리적인 문제가 그것이다. 실제로 AI의 미래에 관한 논의는 과학적이거나 상업적인 측면에서보다는 오히려 철학적이거나 사회적인 문제를 중심으로 이루어지는 경우가 대부분이다. 예를 들어, 앞에서 언급한 바 있는 카타르 대학 연구의 경우, 유전자 검사를 통해 잠재력을 가진 운동선수 후보를 선별하는 작업은 상업적으로는 상당히 매력적으로 보이지만, 윤리적으로는 심각한 논란을 야기할 수 있다. 만약 유전자 검사에서 다소 부적합 판정을 받은 사람이 애초에 검사가 없었다면 평생 즐기게 되었을지 모를 스포츠 활동에서 배제된다면 어떤가? 또는, 더 나아가 운동에 필요한 유전자 부족이라는 문제를 극복하려는 노력마저 박탈된다면? 그리고 이와 같은 잠재적 위험을 방지하기 위해 대학이나 연구 기금 관리 기관이 이들

연구에 대해 윤리 승인 심사를 보류하게 된다면 어떻게 될까?

겉으로 보기에는 철저히 과학적인 토론으로 보일 수 있지만, AI 시스템의 신뢰성에 영향을 미칠 수 있는 편향성에 대한 논의조차도 윤리적인 함의를 내포하고 있다. 과학자들은 이러한 문제를 회피할 수 없는데, 이는 연구의 방향에 실제적으로 영향을 미치기 때문이다. 예를 들어, 알고리즘 편향성이라든지, 과거 데이터의 부정적 유산이나 과소 평가 같은 문제가 의도하지 않게(또는 더 우려스러운 경우, 의도적으로) 프로그램을 학습시키는 훈련 데이터에 포함될 경우, 그런 연구는 철회되거나 중단될 수밖에 없다.*

스포츠 분야에서는 모델의 복잡성이 증가할수록(해석의 여지가 줄기 때문에) 이와 같은 편향의 문제가 더욱 심각해질 수 있다. 특히 인간과 직접적으로 상호 작용하는 시스템에 적용될 경우, 그 영향력은 매우 직접적으로 나타날 수 있다. 예를 들어, 편향된 선수 스카우트 시스템이나 경기 성과 평가 시스템이 부당하게 특정 선수의 팀 내 기여도를 낮게 평가하고, 다른 선수의 기여도를 과대 평가하는 일이 발생할 수 있다. 물론 선수나 코치가 전혀 눈치채지 못하는 상황에서 벌어질 것이다. 이러한 문제를 해결할 유일한 방법은 스포츠 분석가나 코치가 평소에 AI와 머신러닝(ML) 모델을 충분히 이해하고 있는 것뿐이다. 그래야 마치 블랙박스처럼 보이는 AI 시스템의 의사 결정 과정을 해석하고, 스포츠 현장에서 발생할 수 있는 부정적인 영향을 최소화할 수 있다.

*https://www.infoworld.com/article/3607748/3-kinds-of-bias-in-ai-models-and-how-we-can-address-them.html

흔히 AI를 디스토피아적인 미래를 예고하는 존재로 볼지, 아니면 유토피아적인 미래를 꿈꾸는 선각자로 볼지에 대한 상반된 견해가 논쟁의 담론을 지배하곤 한다. 그러나 현실은 AI가 어느 한 방향으로 기울어질 가능성뿐만 아니라, 양쪽 가능성을 모두 내포하고 있기도 하므로, 궁극적인 최종 방향은 가능한 한 충분한 정보를 가지고 토론을 거쳐 인류가 스스로 결정을 내려야 할 문제이다. 그렇다면 이러한 논의가 왜 스포츠의 미래에서 중요할까? 스포츠에 참여하는 사람이 본질적으로 경쟁적이며, 언제나 승리를 추구하기 때문이다. 이런 맥락에서 운동선수의 신체적 또는 정신적 능력을 강화할 수단이 있다면, 그것이 어떤 결과를 초래할지 충분히 숙고하지 않고 쉽게 받아들이려 할 가능성이 크다.

예를 들어, 인간의 뇌와 컴퓨터를 융합시킨다는 개념은 일론 머스크나 피터 스콧-모건을 비롯한 많은 이들이 꿈꾸는, 인류가 일종의 지적·육체적 해탈의 경지에 도달하는 미래상을 의미한다. 반면, 수전 슈나이더(Susan Schneider) 박사 같은 이는 이를 '인간 정신의 자살'로 가는 길이라고 비판한다.

그런 의미에서 슈나이더 박사는 인공지능에 대해 단호히 경고하고 있다.

AI의 철학적 함의를 깊이 있게 성찰하지 못한다면, 우리 인류는 더 이상 의식을 가진 존재로서 번영을 추구할 수 없게 될지도 모른

다. 따라서 지금부터라도 우리가 신중하게 대응하지 않는다면, AI 기술이 초래할 냉혹한 현실을 앞으로 수없이 마주하게 될 것이다. 다시 말해, AI 기술이 우리 삶을 더 편리하게 만들어 주기는커녕 오히려 우리를 고통에 빠뜨리거나 파멸에 이르게 할 수 있으며, 나아가 의식을 지닌 다른 존재들을 착취하는 상황으로 이어질 수도 있다.*

한편, '초인류주의자'(transhumanist)**로 불리는 미래학자 레이 커즈와일(Ray Kurzweil) 박사 같은 이들은 AI를 통해 질병과 빈곤, 자원 부족에서 해방될 유토피아 세상을 기대한다. 그런 세상이 되면, 운동선수들은 100미터를 5초 안에 달릴 수 있을 뿐만 아니라 거의 무한히 달릴 수 있게 되고, 코치진은 자신이 관리하는 선수의 정신적 능력과 신체적 능력을 컴퓨터로 순식간에 무수히 조합해 가며 전략을 수립할 수 있을 것이다.

이처럼 기계의 힘을 빌려 강화된 인간의 지능은 현재 우리 기준으로 보면 초인적일 수 있지만, 커즈와일이 꿈꾸는 세상에서는 평범한 존재일 수 있으며, 이를 우려하는 슈나이더의 입장에서는, 우리 인간이 그렇게 강화된 지능을 지닌 존재라고 해도 여전히 서로 경쟁하려 들기 때문에, 결국은 비극적인 결과를 초래할 수 있다는 것이다. 어쩌면 인간의 뇌를 부분적으로 조금씩 '강화'시킨 존재는

---

*슈나이더 박사가 집필 중인 저서 『인간 정신의 미래』(Future of the Mind)의 원고 초안
**첨단 과학 기술을 통해 인간의 신체적, 정서적, 도덕적 한계를 넘어서려 추구하고, 이를 인류 발전의 지향점으로 사유하는 사상을 추종하는 사람

트리거의 빗자루(Trigger's Broom)*처럼 자신도 모르는 사이에 점차 완전히 다른 존재로 바뀌게 될지도 모른다. 슈나이더 박사는 이 점에 대해 이렇게 말한다.

> 만약 의식을 담당하는 뇌의 일부분을 마이크로칩으로 교체할 수 있다면, 그런 식의 '강화'는 의식을 가진 존재로서 우리의 삶을 끝장내는 행위일 수 있다…. 이런 식의 강화를 지지하는 일부 급진주의자들은 그렇게 강화된 존재가 더 이상 인간이 아닐 수 있다는 점을 종종 간과하고 있다.**

이러한 지점이야말로 슈나이더 박사가 말하는 자살인 셈이다. 그리고 이런 기회는 대부분 프로 수준 엘리트 운동선수들에게는 거부하기 어려운 유혹이 될 것이다.

하지만 디스토피아든 유토피아든, AI가 어떤 방향의 미래로 나아가든, 우리는 AI 기술의 다음 중대한 진전으로 여겨지는 범용 인공지능(general-purpose AI)을 구축하려 할 것이다. 그리고 사실 커즈와일과 그의 추종자들을 빼면, 향후 10년 안에 범용 인공지능이 실현되리라고 믿는 사람은 거의 없다.

---

*영국 시트콤 드라마 『오직 바보와 말들』(Only Fools and Horses)의 등장인물인 트리거(Trigger)는 다소 어리숙한 친구로, 20년 동안 같은 빗자루를 써 왔다며 애지중지 여긴다. 그러나 트리거의 설명에 따르면, 그 동안 빗자루는 여러 군데를 다른 재료로 갈아 끼우며 사용해 온 것이다. 그러므로 트리거의 애장품은 원래의 빗자루가 아닌, 원래 것과 비슷한 다른 빗자루일 뿐이다. (YouTube - https://www.youtube.com/watch?v=56yN2zHtofM) 이는 '테세우스의 역설'(Theseus's Paradox, https://www.youtube.com/watch?v=kVAHXiKjgRo)에 대한 트리거식 해석이라고 볼 수 있다.

**슈나이더 박사가 집필 중인 저서 『인간 정신의 미래』(Future of the Mind)의 원고 초안

그럼에도 불구하고, 이러한 문제는 운동선수가 어느 정도 스스로를 보호할 수 있도록 하기 위해 여러 연구자와 정부 기관 및 감독 기관에 의해 현재 논의되고 있다. 뇌의 칩 이식이 치료 목적으로 쓰일 수 있다는 슈나이더 박사의 견해에 대해서는 대부분이 동의할 것이다. 하지만 동시에, 같은 기술이 개인의 생체 및 신경 데이터를 수집·판매하는 데 악용될 가능성도 있는데, 생계를 유지하거나 자신이 선택한 스포츠에서 경쟁력을 유지하기 위해 어쩔 수 없이 뇌에 칩을 이식해야 한다고 느끼는 사람들도 있기 때문이다.

AI 파트너십(Partnership on AI)*같은 기관은 AI 발전과 함께 제기되는 기술적, 지적, 윤리적 문제에 대해 선도적으로 의견과 방향을 제시하고 있다. 실제로, 최근 스티븐 슈워츠먼의 기부로 영국 옥스퍼드 대학 내에 설립된 슈워츠맨 인문 센터는 AI 연구의 주요 거점으로 자리매김했으며, 'AI 윤리 연구소'를 운영 중이다. 다음은 연구소가 언론을 통해 밝힌 주요 활동 방향이다.

연구소는 AI 활용으로 인해 발생하는 주요 윤리적 문제를 해결하는 것을 목표로 한다. 연구 범위는 얼굴 인식부터 유권자 프로파일링, 뇌-기계 인터페이스에서부터 무장 드론까지, 그리고 AI가 전 세계 고용 시장에 미치는 영향에 이르기까지 매우 광범위하다.

AI 윤리 연구소의 AI 기술 협력 책임자이자 대학의 컴퓨터 과학과 교수 겸 철학과 교수로 활동 중인 빈센트 코니처(Vincent Conitzer)는 다음과 같이 자신의 견해를 밝힌다.

AI 윤리 연구소는 지금 이 시대에 가장 필요한 기관이라고 할 수 있습니다…. 저는 이 연구소가 AI 기술의 연구 및 개발에 직접 관여할 수 있도록 돕고자 하며, 이를 통해 연구소의 긍정적인 영향력을 강화하고 확산시키고자 합니다.

AI 윤리 연구소가 본격적으로 활동을 시작하면서 유럽 의회는 현재 인공지능법(AI Act) 개정을 추진 중이다. 개정 이유 중 하나는 현재 이 법안이 내부시장 위원회에 속해 있기 때문으로, 유럽연합(EU) 시민자유 위원회에서 미래의 의제에 대해 지금보다 더 많은 영향력을 행사하기 위해 압박을 가하고 있기 때문이다. 개정 논의가 계속 진행되면서 법무 위원회와 산업 위원회 등 다른 위원회 또한 각자의 관심 사항을 논의에 반영하고자 애쓰고 있다. 우리 인간의 삶에 AI가 점점 더 많이 개입하면서 발생하는 윤리 문제는 당분간 계속될 수밖에 없을 것으로 보인다.

결말

궁극적으로, 스포츠 분야가 AI와 더불어 어디로 나아가야 할지는 미래를 예측하려는 인간의 추측 활동과 사변적 시도에 따른 문제이다. 하지만 한 가지 분명한 사실은, AI가 인간 사회 전반에 걸쳐 영향력을 빠르게 확대하고 있으며, 그 흐름은 돌이킬 수 없다는 것이다. 현재까지 우리가 확보한 긍정적인 증거만 가지고 보자면 기계와 인간은 필연적으로 공생 관계로 나아가겠지만, 그런 관계에는 수많은 윤리적 딜레마도 함께 따를 수밖에 없다. 스포츠 분야는 AI가 스포츠 그 자체뿐만 아니라, 관련 비즈니스 모델과 이를 지원하는 산업 전반에 어떤 영향을 미칠지 제대로 알지 못하는 상태에서 무의식적으로 미래를 향해 갈 수도 있고, 아니면 현실을 직시하고 변화에서 능동적으로 참여하며, 그 방향에 영향을 미치려 노력하면서 미래를 맞이할 수도 있다.

그런 점에서 스포츠 분야가 AI의 윤리적 문제를 충분히 다루지 않는다면, 정당성을 인정받기 어려울 것이다. 최근 산업계 전반에 걸쳐 다양성(diversity), 형평성(equity), 포용성(inclusion)의 이른바 DEI 문제가 부상하면서, 도덕적 당위성이 지닌 강력한 영향력을 스포츠 산업 역시 분명히 배워야 한다. 만약 스포츠 경기에 참여할 대표적인 사이보그와 로봇을 선정한다면, 외형을 설계할 때 인종과 성별도 진지하게 고려해야 하지 않을까? 예를 들어, 인간형 로봇은 어떤 외모를 가져야 할까? 이런 질문은 스포츠 산업이 직면한 기술적, 지적 도전 상황에 못지않게, 미래 스포츠 경기장에서 AI의 모습을 결정짓는 데 큰 영향을 미치게 될 것이다.

2021년 5월 4일자 네이처지에 실린, 『AI와의 협력: 기계는 인간과의 공통점을 찾는 법을 학습해야 한다』라는 제목의 기고문*은 AI 기술의 급속한 발전을 둘러싼 논의에서 흔히 등장하는 대립적 수사를 조심스럽게 피해 간다. 대신, 이 글은 AI의 진정한 발전을 위해 연구자와 개발자들이 분명히 인식해야 할 점으로, 기계가 인간의 지능을 모방하려면 인간 지능이 실제로 어떻게 진화해 왔는지를 이해해야 한다는 사실을 강조한다. 그러면서 기고자들은 그 해답은 바로 협력을 통해서였다고 말한다.

*https://www.nature.com/articles/d41586-021-01170-0

기고문에서 저자들이 말하는 '협력'이란, 사회적 맥락 이해와 함께 '협력적 지능'을 바탕으로 인간 사회에 원만히 통합되기 위한 노력을 의미한다. 서로 다른 목적에서 개발되는 AI 시스템들은 각기 문제에 대한 고유한 해결책을 제시하거나 또는 제시하려 시도할 것이고, 이러한 다양성이 통합되어 하나의 기계 지능이 생성되면, 이어서 인간 지능과 결합되어 진정한 종합적 지능, 즉 협력적 지능으로 탄생할 것이다. 그렇다면 이러한 협력 방식이 가장 자연스럽게 구현되는 분야는 어디일까? 바로 팀 스포츠이다.

어떤 팀 스포츠이든, 선수들 간, 코치와 선수 간, 구단주와 팬들 간에 필요한 협력 관계는 실로 놀랄 만큼 복잡하지만, 이런 협력은 실제로 매일 이루어지고 있다. 즉, 협력의 모델은 이미 어느 정도 존재한다는 뜻이다. 여기에서 한 걸음 더 나아가, 다른 팀과 경기를 치르기 위해서는 서로 경쟁 관계인 집단 간에도 일정 수준의 협력이 필요하다.* 결국 성취를 위해서는 협력과 경쟁이 모두 필요하다. 이러한 구조는 미래 AI의 발전을 위한 모델이 될 수 있다. 그런 의미에서 스포츠는 AI의 연구 주제인 동시에 그 혜택을 직접 누리게 될 대상이다.

'협력적 지능'이라는 생각은 우리의 책에서 다시 에이다 러브레이스(Ada Lovelace)로 되돌아가게 만든다. 최근 러브레이스의 이름을 딴 '아이-다'(Ai-Da)라는 실제 인간형 로봇이 개발되었는데, 이 로봇은 인간의 얼굴을 가지고 있으며, 로봇 공학과 AI 기술로 무장된

---

*상세 내용 참조. A. Brandenburger, and B. Nalebuff, Co-opetition: A Revolution Mindset that Combines Competition and Cooperation, Crown Publishing Group., 1996.

예술가의 표현 능력을 가지고 있다.

비록 아직은 추상화 작업에 주로 초점이 맞추어져 코딩이 되어 있어 활용 범위가 제한적이긴 하지만, 아이-다의 존재는 여전히 인간과 기계 사이의 연결 가능성을 암시하고 있으며, 이는 불과 얼마 전까지만 해도 전혀 예상치 못했던 일이다. 그 결과 수많은 기업이 앞다투어 아이-다를 인간 인플루언서처럼 활용하려고 나서는 상황까지 벌어지고 있는데, 이는 아이-다의 최초 등장 후 각종 미디어를 통해 쏟아진 보도만도 수천 건을 넘고 있기 때문이다.

그림 추상화를 그리는 아이-다*

이러한 현상은 초인류주의(transhumanism)와 지능형 로봇(비록 그 형태가 소프트웨어이든 또는 기계이든)을 기꺼이 수용하겠다는 우리의 확고한 의지를 표명한 것으로, 이 분야의 개발자나 연구원에게 R&D 투

---

*https://www.youtube.com/watch?v=VCVgNDd1H4A

자가 계속된다는 강력한 신호이다. 그러면서 동시에 보수적인 스포츠 산업계를 향해 필연적으로 다가올 변화를 수용하라는 신호이기도 하다. '인플루언서'라는 측면에서만 본다면, 실제 인간과 디지털로서의 존재, 즉 크리스티아누 호날두(Cristiano Ronalda) 같은 스타 선수들의 사이보그 버전을 구별하는 일은 앞으로는 별 의미가 없을 것으로 보인다. 그 차이가 점점 미묘해지고 있기 때문이다. 이런 식의 접근법은 자율 비디오 보조 코치(AVAC) 같은 기술에 내재된 '지원적' 특성과도 잘 부합한다. 사실상 AVAC 시스템은 인간을 지원하도록 설계된 인간 수준 인공지능(AGI)의 초기 형태, 즉 프로토타입이라 할 수 있다. 그런 점에서 우리의 생각은 인간 중심의 미래관이 곧 미래 AI의 목표가 되어야 한다는 것이다.

이와 같은 관점에서 본다면, 미래의 AI는 기계적 시스템을 넘어 생물학적 시스템(생명체)에 가까워질 가능성이 높다. 인간이 호모 디지털리스(homo digitalis, 디지털 기술을 활용하는 존재)로 진화하는 것처럼, AI는 그 반대 방향으로 진화하여 보다 생명체에 가깝고 자연적인 존재, 즉 마키나 나투랄리스(machina naturalis, 자연에 동화된 기계)가 되어 인간과 경쟁하기보다는 협력하게 될 것이다.

어쩌면 미래에는 아이-다 같은 로봇이 우리 인간을 관찰하고 배우며, 동시에 우리 인간도 로봇을 보고 배우는 세상이 올 수도 있다. 마찬가지로 스포츠와 AI도 서로를 보며 배우는 관계가 될 것이다. 영화 『매트릭스』에서 주인공 네오가 인간을 지배하려는 기계에게 한 말이 떠오른다.

나는 미래에 대해 알지 못한다…. 내가 여기에 온 것은 우리의 미래가 어떻게 종말을 맞을지를 말하려는 게 아니다. 나는 우리의 미래가 어떻게 시작되는지를 말하러 온 것뿐이다. 내가 여기에 온 이유는… 사람들에게 모든 게 열려 있는 세상을 보여 주려는 것이다. 그리고 그 다음에 어디로 갈지는 여러분의 선택에 달려 있다.*

스포츠의 새로운 시작 점에서, AI는 스포츠 세계에서 펼쳐질 무한한 가능성을 보여줄 것이며, 그 이후 스포츠가 나아가야 할 방향은 오직 스포츠계의 선택에 달려 있다.

---

*The Matrix, Movie (1999).

/ 역자 후기 /

　인공지능(AI)은 공기와 같다는 말이 있습니다. 오늘날 인공지능은 우리 인간에게 너무 가까워졌기에 오히려 그 존재가 사라졌을 때야 비로소 실감하게 되는, 그런 역설적인 시대를 우리는 살아가고 있습니다.

　『스포츠, AI와 동행하다』(원제: AI for Sports)는 바로 그 '공기 같은 존재'가 되어 버린 인공지능이 스포츠 세계에서 어떻게 숨쉬고, 스포츠 자체와 그 주변 환경을 변화시키고 있는지를 탐구한 책입니다. 크리스 브래디, 카를 튈스, 샤예간 오미드샤피예, 세 명의 뛰어난 저자가 1부에서는 인공지능의 기원과 철학적 뿌리를, 2부에서는 현 스포츠 생태계에서 AI의 실질적 적용을, 마지막 3부에서는 우리가 마주할 미래의 스포츠와 그 환경에 대해 풍부한 사례와 깊이 있는 통찰로 서술합니다.

　저자들의 작업은 AI나 스포츠에 대한 단순한 기술 서술이 아닌 'AI와 스포츠가 함께 걸어온 여정'을 집대성한 기록이며, 동시에 '우리가 지금 어디에 서 있는가'를 돌아보게 하는 성찰이기도 합니다. 특히 스포츠를 단순히 경쟁과 기록의 장이 아닌, 인간과 기계가 함께 진화하는 실험실로 바라보는 시선은 인상적입니다.

이 책의 번역자인 저(박재현)는 스포츠 과학자 겸 교육자로서 오래 전부터 AI를 활용하여 보다 나은 스포츠 환경을 만드는 노력을 기울여 왔습니다. 특히, 스포츠 분야에서 AI 활용 가능성과 그 위험성을 오랜 시간 연구하며, 예컨대, 승부 조작 위험을 AI로 검출하거나, 도핑 위험성을 가진 금지 약물을 실시간으로 분석하는 기술 등을 연구하고 있습니다. 현재 재직 중인 한국체육대학교에서는 'AI 기반 경기력 분석', '딥러닝과 운동 수행', '스포츠 코칭 빅데이터 분석' 등을 통해 AI 기술을 실제 스포츠 수업과 연구에 접목하고 있으며, 국내 최초인 스포츠 AI 빅데이터 학회를 창립하여 국가의 정책, 교육, 기술의 관점에서 스포츠 현장의 변화를 선도하고 있습니다.

공동 번역자인 이태구 박사는 중등학교 현장에서 AI 기반 교수학습 설계를 선도하고 계신 교육 실천가입니다. 코로나-19 대유행을 계기로 확산된 거꾸로 수업, SNS 기반 피드백, 웨어러블 디바이스, 그리고 최근에는 생성형 AI, 미디어파이프, VR/AR, 스마트 센서, 티처블 머신 등 수많은 도구를 학교 체육 수업에 실제로 접목하는 노력을 하고 계십니다. 또한, 수석교사로서 전국 체육교사 네트워크인 'AI융합 학교체육 연구회'를 이끌며, 학교급, 지역별, 성별을 넘나드는 다양한 AI 기반 수업 사례를 지금 이 순간에도 활발히 공유하기 위해 노력 중입니다.

이러한 모든 스포츠 교육 현장의 변화는 곧 브래디, 틸츠, 오미드 샤피예가 강조한 '디지털 혁명으로서 스포츠 AI'가 이미 우리 곁에 깊숙이 들어와 있다는 증거일 것입니다.

그렇기에 이 책은 단지 스포츠와 AI의 기술적 통합을 소개하는 데 그치지 않습니다. 우리가 마주하고 있는 거대한 변화의 흐름 속에서, 체육과 스포츠 분야가 어디서부터 출발했고 어디로 향하고 있는지를 치밀하게 짚어 주는 종합 안내서입니다. 국내 출간을 통해, 체육·스포츠계 종사자는 물론 교육자, 연구자, 정책 입안자, 그리고 스포츠를 사랑하는 모든 이들이 AI 시대를 이해하는 새로운 시선을 얻게 되기를 바랍니다.

지금 우리가 숨 쉬는 공기처럼, 스포츠와 AI는 점점 떼려야 뗄 수 없는 관계가 되고 있습니다. 이 책이 그 공기의 흐름을 인식하고, 더 나은 방향으로 나아가는 데 작은 이정표가 되기를 진심으로 바랍니다.

박재현	**이태구**
체육학 박사 · 한국체육대학교 교수 · 스포츠 AI 빅데이터 학회 사무총장	체육학 박사 · 경기도 철산중학교 수석교사 · AI 융합 학교체육 연구회 회장

찾아보기

가

가상 오프사이드 라인(VOL) 시스템	132
가상 현실(VR)	143, 150, 206
가속도계	122
가스파로프, 가리(Kasparov, Garry)	30, 72
강화 학습	92, 113, 120, 177, 186
개인 정보 보호	103
건강 관리	102-104
건강 관리와 AI	102-104
건강 증진과 AI	104-106
게르츠, 티에리(Geerts, Thierry)	114
게임과 피드백 루프	95-102
게임 이론	40-45
게임 이론과 경제 행동	41
게임하는 인간	32, 38
경기력 관련 데이터	139
경기력 향상과 AI	107-116
경기력 향상 준비 단계와 AI 기술	107-109
경기장 밖에서의 팬 서비스 혁신	159-161
경기장에서의 팬 서비스 혁신	154-159
계산하는 기계	29
고강도 인터벌 훈련(HIIT)	106
고스팅 훈련 프로그램	110, 186
공간 이해와 AI	109-111
광고 분야의 AI 혁신	161-162
국방고등연구계획국(DARPA)	63
근거리 무선 통신(NFC) 기술	155
글랜빌, 브라이언Glanville, Brian)	48
기계 학습	머신러닝 참조
기호주의자(Symbolists)	89
끝내기 2루타: 야구의 과학	35

나

내셔널 하키 리그(NHL)	127, 194
노이먼, 존(Von Neumann, John)	39, 41, 78
논리 이론가 프로그램	51
논리 이론 프로그램	52
놀이하는 인간	32, 38
농구와 AI 활용	101
뉴럴링크사(Neuralink)	184
뉴웰, 앨런(Newell, Allen)	43, 51
닐슨(Neilson) 그룹	162

다

DARPA	국방고등연구계획국 참조
다중 과제(multi-task)	173
다중 과제 통합 모델(MUM)	173
다중 모달(multi-modal)	173
대체 불가 토큰(NFT)	157
대퍼랩스(Dapper Labs)	157
WUDA 2.0	174
데이비스, L. 로버트(Davids, L. Robert)	65
데이터 분석과 AI	85-89, 95-102
데이터 수집 과제	139-141

데포드, 프랭크(Deford, Frank)	53
뎀벨레, 우스망(Dembélé Ousmane)	119
도로 사이클 경주와 AI 활용	128-130
동물과 기계에서의 제어와 소통	43
DL	딥러닝 참조
dMY 테크놀로지 그룹 II	167
디지털 기술의 발전	143
디지털 혁신 전략	153
딥러닝(DL)	90, 109, 151
딥마인드(DeepMind)	21, 75, 80, 173
딥블루II(Deep Blue II)	30, 72, 76
딥소우트(Deep Thought)	72
딥스택(DeepStack)	78

라

라이언, 놀란(Ryan, Nolan)	116
라이트코인(LiteCoin)	158
라이트힐 보고서	64
RAND 연구소	38, 51
래시포드, 마커스(Rashford, Marcus)	119
러브레이스, 에이다(Lovelace, Ada)	31, 221
러브레이스의 날	31
런키퍼(GPS 기반 운동 추적 앱)	148
레이블	91
로바놉스키, 발레리(Lobanovskyj, Valerij)	57, 60
로보컵 대회	74, 176
로봇	17, 177, 187-190, 220
로젠블랫, 프랭크(Rosenblatt, Frank)	61
로젠블루에스, 아르투로(Rosenblueth, Arturo)	44

로체스터, 네이선(Rochester, Nathan)	50
루멜하트, 데이비드(Rumelhart, David)	68
루터, 데이비드(Reuther, David)	67
르한스키, 데이브(Lehanski, Dave)	127
리그, 톰(Reeg, Tom)	144
리브라투스(libratus) 프로그램	79
LISP 머신	70
리프, 찰스(Reep, Charles)	47-50

마

마르티네즈, 로베르토(Martinez, Roberto)	101
마이크로칩 이식	184, 216
마케팅 분야의 AI 혁신	161-163
마크 I 퍼셉트론(Mark I Perceptron)	61
만성 외상성 뇌병증(CTE)	105
매카시, 존(McCarthy, John)	16, 50, 64
매컬러, 워런(McCulloch, Warren)	51
머니볼: 불공정 게임에서 승리하는 법	78
머니볼의 영향	74-81
머레이, 앤디(Murray, Andy)	191
머스크, 일론(Musk, Elon)	184
머스타드사(Mustard)	116
머신러닝 기반 분석 기법 활용 자율 탐사 시스템 (MAARS)	17
머신러닝(ML)	19, 90, 98, 102, 109, 115, 122, 143, 165, 195
머신러닝과 강화 학습	90, 113, 120, 177
머신러닝과 데이터 수집	139-141
머신러닝과 비지도 학습	91

머신러닝과 지도 학습	91	브레일스포드, 데이브(Brailsford, Dave)	86
메츠, 케이드(Metz, Cade)	18	브리스, 드류(Brees, Drew)	116
모겐스턴, 오스카(Morgenstern, Oskar)	41	브이브랜드사(vBrand)	162
모바일 앱	152	VR	가상 현실 참조
무제로(MuZero)	78	블랙박스	180
미국 미식축구 리그(NFL)	114	블록체인	157, 210
미국 미식축구 선수 협회(NFLPA)	140	비글로, 줄리안(Bigelow, Julian)	44
미국 야구 연구회(SABR)	35, 65	비디오체크(VideoCheck) 기술	135
미래 스포츠 경기에서 AI의 역할	173-175	비디오 판독 시스템(VAR)	132
미식축구와 AI 활용	100, 105	비슈네그라드스키, 이반(Vyshnegradsky, Ivan)	56
민스키, 마빈(Minsky, Marvin)	60, 61	비어, 스태퍼드(Beer, Stafford)	56
		비지도 학습	91
바		비트코인	158
VAR	132	비트페이(BitPay)	158
바디슈트	118	비협력 게임	45
바흐터, 산드라(Wachter, Sandra)	180	빅데이터	117
박스 스코어 카드(Box score card)	34	빈, 빌리(Beane, Billy)	47, 75, 108
반사실적 설명	180	빌, 맥개리(McGarry, Bill)	22
배구와 AI 활용	135		
버포드, R. C. (Buford, R. C.)	101, 139	**사**	
범용 문제 해결기	52	사이먼, 허버트(Simon, Herbert)	51
베트페어(Betfair)	210	사이버네틱스(cybernetics)	43, 52, 54-60, 73
벵거, 아르센(Wenger, Arsene)	186	사이버네틱스의 발전	56
보렐, 에밀(Borel, Émile)	41	사이보그	187-193
보이지 않는 게임, 야구	67	사이스포츠사(SciSports)	119
복싱과 AI 활용	122	사회 관계망 분석(SNA) 모델링	109
본 노이먼, 존(Von Neumann, John)	39, 41, 78	산드홀름, 투오마스(Sandholm, Tuomas)	79
부상 예방과 AI	104-106, 194	새뮤얼, 아서(Samuel, Arthur)	71
브라운, 노엄(Brown, Noam)	79	생각하는 기계(Thinking machines)	16-20

생의학	184	스포츠 분야의 AI 활용 사례	22-24
생체역학 데이터	118	스포츠 산업	141-146
섀넌, 클로드(Shannon, Claude)	45, 50	스포츠 생태계	86, 95-106
선수 데이터	96-100	스포츠 생태계와 AI	95-106
선수의 경기력과 AI 활용	107-109	스포츠 세계의 AI 거버넌스	212-218
선수의 스캔 능력	99	스포츠 세계의 AI 윤리	212-218
설명형 AI (XAI)	179	스포츠 시장	114, 119, 141, 169, 203
세계 과학과 축구 대회(WCSF: World Congress of Science and Football)	69	스포츠 의학과 AI	193-199
		스포츠 팬과 AI	146-154
세이버메트릭스(sabermetrics)	54, 65-74	스포츠에서 데이터 분석	95-102
센서 기술	87, 111, 118, 122, 132, 136, 188	스포츠에서의 AI 기술 활용	98, 100, 114, 124-126
손, 존(Thorn, John)	67	스포츠에서의 AI 활용 현황	168-170
쇼, 클리프(Shaw, Cliff)	51	스포츠와 머니 게임	141-146
3D 선수 추적 애플리케이션	108	스포츠와 사이버네틱스	43, 52, 54-60
3패스 최적화 규칙	50	스포츠와 암호 화폐 시장	156-159
스마트 운동화	125	스포츠와 인공지능(AI)	24, 87, 117-138, 201-218
스웜(Swarm) 시스템	165	스포츠피커사(Sportspicker)	165
스콧-모건, 피터(Scott-Morgan, Peter)	188, 214	스포티파이사(Spotify)	205
스타크래프트(StarCraft) 게임	80	시스템 이론	56
스타크래프트 II	80	CSAIL 컴퓨터 과학 및 인공지능 연구소 참조	
스태츠퍼폼사(Stats Perform)	110	시저스 스포츠북(Caesars Sportsbook)	144
스트라바(GPS 기반 운동 추적 앱)	148	CGI	97
스포츠 갬블링과 AI 활용	164-168, 209-212	CTE 만성 외상성 뇌병증 참조	
스포츠 데이터 분석과 AI	AI 85-89, 95-102	신경과학	183
스포츠 도박	164, 167	실시간 데이터 추적 기술	126
스포츠 미디어와 AI 활용	160	실시간 데이터 측정	125-127
스포츠 베팅과 AI 활용	144, 164, 166, 210	실시간 전략 게임(RTS)	80
스포츠 베팅 모니터링 시스템	136	실시간 측정 기술	125-127
스포츠 베팅 예측 서비스	165	실시간 측정 방식의 진화	125-127

심리학과 AI	183	ARISE	151
심박수 변동도(HRV)	104, 106	AR	증강 현실 참조
심층 강화 학습	76	AI 개발의 역사	15-21, 29-45
심층 신경망	160, 182	AI 겨울	61-64, 69-71
심판 판정	132-138	AI 기반 의사 결정 과정	101
		AI 기반 카메라	152, 159

아

		AI 기반 코칭	112, 182-187
아마추어 선수와 AI 기술	114-116	AI 기술과 미래의 경기장	206-209
아이게이밍(Igaming) 사업	144	AI 기술과 이론의 간극	85-94
IRCOS(Instant Replay and Control System)	136	AI 기술의 발전	85-94, 104
IBM	32	AI 윤리	212-218
IBM 701	71	AI	인공지능 참조
아이스하키	127	AI와 거버넌스	212-218
아카데미 시상식	166	AI와 경기력 향상	107-116
안면 인식 소프트웨어	163	AI와 미래의 경기장	206-209
알리바바(Alibaba)	108	AI와 부상 예방	104-106, 194
알파고(AlphaGo)	75, 111	AI와 스포츠 갬블링	164-168
알파스타(AlphaStar)	80	AI와 스포츠 경기의 미래	173-199
알파폴드2(AlphaFold2)	173	AI와 스포츠 도박	164, 167
앙페르, 앙드레-마리(Ampèe, André-Marie)	43	AI와 스포츠 베팅	144, 164, 166, 210
앨트먼, 샘(Altman, Sam)	161	AI와 스포츠의 대중화 및 평준화	201-204
야구 명예의 전당	35, 65, 116	AI와 스포츠 환경의 미래	201-218
야구의 정수(Baseball Abstracts)	53, 66	AI와 실시간 측정 방식	125-127
어라이즈(ARISE)	151	AI와 심판 판정	132-138
에릭센, 크리스티안(Eriksen, Christian)	103	AI와 전술 융합	128-132
에버스, 존 J.(Evers, John J)	35	AI의 봄	44, 52, 62, 68
F1 경기와 AI 활용	87	AI의 하위 범주	90
LCS	컴퓨터 과학 연구소 참조	HRV	심박수 변동도 참조
AVAC	자율 비디오 보조 코치 참조	AGI	인간 수준 인공지능 참조

XAI	설명형 AI 참조	
엑시스텐즈(eXistenZ)		185
NHL	내셔널 하키 리그 참조	
NFL	미국 미식축구 리그 참조	
NFLPA	미국 미식축구 선수 협회 참조	
NFT	대체 불가 토큰 참조	
NLG	자연어 생성기 참조	
엘리트 선수와 AI 기술		112-114
MIT 인공지능 연구소(AI Lab)		51
ML	머신러닝 참조	
M터크(Mturk)		30
역전파 알고리즘		68
연결주의자(Connectionists)		89
영국 사이클링 팀		86
오말루, 베넷(Omalu, Bennet)		105
오스카상		166
5G 통신망과 엣지 컴퓨팅 기법		151
오큘러스 VR 헤드셋		150
오프 더 볼 득점 기회(OBSO)		121
오픈AI(OpenAI)		80, 161
오픈AI 파이브		80
와타나베 모리나리		137
외골격		189
요한, 하위징아(Huizinga, Johan)		32
우크라이나 드니프로페트로프스크 운동과학 연구소		57
워드스미스 AI 플랫폼		160
웨스트브룩, 토니(Westbrook, Tony)		191
웨어러블 기술		103, 104, 124, 169
위너, 노버트(Wiener, Norbert)		43, 52, 56, 73
유나니머스AI사(Unanimous AI)		166
유럽 종합 정보 보호법(GDPR)		131
음성 이해 연구(SUR) 프로그램		63
이미지 인식 기술		162
이벤트 스트림 데이터		107, 118-120
이시구로, 가즈오(Ishiguro, Kazuo)		18
e스포츠		88, 144-145, 202-204
이야기하는 인간		38
ESPN이벤트사		158
인간-기계 상호 작용		182
인간 수준 인공지능(AGI)		174, 223
인공위성 위치 확인 시스템(GPS)		124, 148, 187
인공지능 친구(Artificial Friend)		17
인재 관리 시스템		96, 99, 102
인재 관리 시스템의 사이클		96, 99, 102
인텔(Intel)		108

자

자동 체스 기계	30, 73
자연어 생성기(NLG)	160
자율 비디오 보조 코치(AVAC)	17-179, 223
자율 제어 시스템 이론	56
자이로스코프	122
전문가 시스템	70
전쟁 시뮬레이션 게임	33
제임스, 빌(James, Bill)	40, 53, 66
젤렌초프, 아나톨리(Zelentsov, Anatolij)	57
존7사(Zone7)	194

존트사(Jaunt)	150
증강 현실(AR)	149-151, 163, 206
지글리아니, 디에고(Gigliani, Diego)	151
지능형 카메라	159
지니어스스포츠사(Genius Sports)	136, 167
지도 학습	91
지속적 학습과 AI	111-112
GPS	인공위성 위치 확인 시스템 참조
GPT-3	160
집필 동기	15-20

자

채드윅, 헨리(Chadwick, Henry)	34
천공 카드 시스템	31
체르멜로의 논문	30
체스와 AI 활용	30, 45
체조와 AI 활용	136-138
추적 데이터	107, 110
추정 확률 기반 행동 가치 평가(VAEP)	119
축구를 망친 50인	48
축구와 AI 활용	57, 69, 74, 91, 115, 132, 154
칩테스트(ChipTest) 프로그램	72

카

카네기멜론 대학	72
카지노와 AI 활용	211
칸, 허먼(Kahn, Herman)	38
컬리스, 스탠(Cullis, Stan)	48
컴퓨터 과학 및 인공지능 연구소(CSAIL)	51
컴퓨터 과학 연구소(LCS)	51
컴퓨터 생성 이미지(CGI)	97
케니, 존조(Kenny, Jonjoe)	119
코니처, 빈센트(Conitzer, Vincent)	218
쿡, 언쇼(Cook, Earnshaw)	52
크리그슈필(Kriegsspiel)	33
크리켓과 AI 활용	118, 125. 160
크립토펑크(CryptoPunks)	157
클라라와 태양(Klara and the Sun)	17
클라우드	87
클라우디코((Claudico) 프로그램	79
클럽하우스사(Clubhouse,)	205

타

탑샷(Top Shot) 서비스	157
터크(Turk)	29
테니스와 AI 활용	108, 176
테사우로, 게리(Tesauro, Gerry)	71
토프스토노고프, 게오르기(Tovstonogov, Georgi)	59
튜링, 앨런(Turing, Alan)	20, 45
튜링 테스트	21
트래킹 데이터	118, 133
TD-개먼 게임 프로그램	71

파

판정 보조 시스템(Judging Support System)	136
팔머, 피트(Palmer, Pete)	67
팬 경험	143, 204-206

팬부스트(FanBoost) 기술	147
퍼셉트론	61
퍼펙트플레이(PerfectPlay) 앱	115
페테이아(Petteia) 게임	33
페퍼트, 시모어(Papert, Seymour)	61
펜턴, 알렉스(Fenton, Alex)	153
포커 게임	41, 78-80
폰 라이스비츠, 게오르크 레오폴트 (Von Reisswitz, George Leopold)	33
폰 라이스비츠, 게오르크 하인리히 루돌프 요한 (Von Reisswitz, Georg Heinrich Rudolf Johann)	33
폰 켐펠렌, 볼프강(Von Kempelen, Wolfgang)	29
풀러턴, 휴(Fullerton, Hugh)	35
프라이버시 보호	139
프레딕트올로지(Predictology)	166
플레이스테이션 VR	150
플루리부스(Pluribus) 프로그램	79
피드백 루프	95-102
피드백 메커니즘	43
피츠, 월터(Pitts, Walter)	51
피트, 브래드(Pitt, Brad)	75
픽셀롯(Pixellot)	159
핏빗(FitBit)	104

하

하사비스, 데미스(Hassabis, Demis)	21
한계점 이론(theory of marginal gains)	86
해석 기관(Analytical Engine)	31
핸더슨, 마이클(Henderson, Michael)	48

허드슨 연구소	38
협력적 게임	45
호모 나란스(Homo narrans)	38
호모 디지털리스(homo digitalis)	146, 223
호모 루덴스(Homo Ludens)	32, 38
호모 이코노미쿠스(homo economicus)	42
호크아이(HawkEye) 기술	125
홀러리스, 허먼(Hollerith, Herman)	31
홈코트(HomeCourt) 농구 앱	115, 202
홉필드 네트워크	68
홉필드, 존(Hopfield, John)	68
화성 탐사선	18
확률 야구(Percentage Baseball)	52
훕사(WHOOP)	104, 140
WHOOP 기술	104, 140
히어미치어(HearMeCheer) 기술	204
HIIT 고강도 인터벌 훈련 참조	
힌턴, 제프리(Hinton, Geoffrey)	68

스포츠, AI와 동행하다

2025. 7. 2. 초 판 1쇄 인쇄
2025. 7. 5. 초 판 1쇄 발행

지은이 | 크리스 브래디, 카를 튈스, 샤예간 오미드사피예
옮긴이 | 박재현, 이태구
펴낸이 | 이종춘
펴낸곳 | [BM] (주)도서출판 성안당
주소 | 04032 서울시 마포구 양화로 127 첨단빌딩 3층(출판기획 R&D 센터)
     | 10881 경기도 파주시 문발로 112 파주 출판 문화도시(제작 및 물류)
전화 | 02) 3142-0036
     | 031) 950-6300
팩스 | 031) 955-0510
등록 | 1973. 2. 1. 제406-2005-000046호
출판사 홈페이지 | www.cyber.co.kr
ISBN | 978-89-315-8606-0 (53560)
정가 | 20,000원

이 책을 만든 사람들
책임 | 최옥현
진행 | 백상현
교정·교열 | 백상현
본문·표지 디자인 | 박주연
홍보 | 김계향, 임진성, 김주승, 최정민
국제부 | 이선민, 조혜란
마케팅 | 구본철, 차정욱, 오영일, 나진호, 강호묵
마케팅 지원 | 장상범
제작 | 김유석

이 책의 어느 부분도 저작권자나 [BM] (주)도서출판 성안당 발행인의 승인 문서 없이 일부 또는 전부를 사진 복사나 디스크 복사 및 기타 정보 재생 시스템을 비롯하여 현재 알려지거나 향후 발명될 어떤 전기적, 기계적 또는 다른 수단을 통해 복사하거나 재생하거나 이용할 수 없음.

■ 도서 A/S 안내

성안당에서 발행하는 모든 도서는 저자와 출판사, 그리고 독자가 함께 만들어 나갑니다.
좋은 책을 펴내기 위해 많은 노력을 기울이고 있습니다. 혹시라도 내용상의 오류나 오탈자 등이 발견되면 "좋은 책은 나라의 보배"로서 우리 모두가 함께 만들어 간다는 마음으로 연락주시기 바랍니다. 수정 보완하여 더 나은 책이 되도록 최선을 다하겠습니다.
성안당은 늘 독자 여러분들의 소중한 의견을 기다리고 있습니다. 좋은 의견을 보내주시는 분께는 성안당 쇼핑몰의 포인트(3,000포인트)를 적립해 드립니다.
잘못 만들어진 책이나 부록 등이 파손된 경우에는 교환해 드립니다.